Lesebuch für die 3. und 4. Klasse

WunsCHland?

Geschichten von Menschen,
die in die Schweiz eingewandert sind

Institut Vorschul- und Unterstufe, Pädagogische Hochschule,
Fachhochschule Nordwestschweiz (FHNW)

Herausgegeben von Trix Bürki, Sabine Kronenberg, Franco Supino

Lehrmittelverlag Kanton Solothurn

* einfache Geschichten
** weniger einfache Geschichten
*** schwierigere Geschichten

Inhaltsverzeichnis   Seite

Die Geschichte hinter den Geschichten:
Vorwort für Kinder   6

      Marcus Becker (m)
      1966 geboren, 41 Jahre alt, Deutschland
Die Frau mit den langen Fingern *   8
Geisterglocken *   10
Schmuggelware ***   13
    Pia Volkers, René Wüthrich

      Samuel Adams (m)
      1964 geboren, 43 Jahre alt, Simbabwe
Nirgends zu Hause *   16
Abschiedsfeier am Flughafen **   18
Wieder vereint **   20
    Claudia Halbenleib, Lea Siegenthaler

      Ivana Jankovic-Kondic (w)
      1962 geboren, 45 Jahre alt, Kroatien
Die schwarze Kuh *   23
‹Miss Karussell› **   26
Schritt für Schritt auswandern ***   29
    Daniel Djakovic, Saila Prado

      Sailan Shirandam (m)
      1965 geboren, 43 Jahre alt, Sri Lanka
Meine kleine Schwester *   32
Untertauchen **   35
Heimweh im Wunschland **   37
    Simone Hürzeler, Sabrina Gempeler

Martha König-Suarez (w)
1957 geboren, 50 Jahre alt, Peru

Peru und ich *	40
Heisse Weihnacht *	42
Das Affentheater **	45
Michael Maler	

Francisco Rodriquez (m)
1952 geboren, 55 Jahre alt, Spanien

Fischen verboten! *	48
Die Reise ins reiche Land *	51
Sprachschmerzen *	54
Jarmila Kolman, Beatrix Verbeek	

Evin Kajmer (w)
1966 geboren, 41 Jahre alt, Türkei

Eingeschneit *	57
Besuch vom Schulinspektor **	60
Das Missverständnis ***	63
Thomas Brunner, Mirjam Fluri, Julia Zimmermann	

Maria Theresa Kaufmann-Lopez (w)
1960 geboren, 47 Jahre alt, Chile

Das blaue Fahrrad *	66
Das lachende Gesicht **	69
Ein Traum wird wahr ***	72
Melanie Baschung, Bettina Schulz	

Dejan Jablan-Asanin (m)
1958 geboren, 49 Jahre alt, Bosnien

Die Bootsfahrt *	75
Herr Savic verschwindet *	79
‹Grüessech!› **	82
Nachrichten aus dem Krieg ***	84

Annekäthi Häusermann, Alexandra Joss

Isaiah Agboh-Beerli (m)
1970 geboren, 37 Jahre alt, Togo

Ein verhängnisvoller Zeitungsartikel *	87
‹Schenkeli› für Indien **	90
Togo liegt in der Schweiz ***	93

Melanie Nelles, Damaris Nydegger

Oivi Vänskä Stucki (w)
1959 geboren, 48 Jahre alt, Finnland

Ein Hexenfest **	95
Abfahrt: Pieksamäkki, Finnland – Ankunft: Frau Singer, Schweiz *	99
Zurück oder bleiben? ***	103

Silvia Cartier, Amina Rosenthal

Die Menschen und ihre Geschichten besser verstehen: Informationen

Woher sie kommen und wohin sie reisen: Länder	106
Woran sie glauben: Religionen	115
Wie sie in die Schweiz kommen und warum sie bleiben: Einwanderung	118

Die Geschichte hinter den Geschichten:
Nachwort für Erwachsene   121

Die Geschichte hinter den Geschichten: Vorwort für Kinder

Habt ihr Lust auf eine Reise ins Wunschland?

Elf Menschen erzählen euch aus ihrem Leben. Sie wurden in einem anderen Land geboren und sind später in die Schweiz eingewandert. Das ist gar nicht so selten. Viele Eltern von Kindern, die in der Schweiz zur Schule gehen, sind anderswo aufgewachsen.

Wir – zweiundzwanzig zukünftige Lehrerinnen und Lehrer – wollten solche Menschen kennenlernen. Was haben sie uns zu erzählen? Die elf Menschen haben sich über unsere Fragen gefreut und uns ihre persönlichen Geschichten gerne erzählt. Wir haben sie für euch aufgeschrieben.

In ihren Erzählungen erinnern sich die elf Personen an das Leben in der Heimat und an die Reise in die Schweiz. Sie berichten auch von ihrem Leben in diesem Wunschland, das leider nicht immer alle Wünsche erfüllt. Es sind lustige und abenteuerliche Geschichten. Manche sind aber auch nachdenklich und traurig.

Das Buch enthält mehrere Geschichten von jeder Person. Die Texte sind nicht alle gleich schwierig zu lesen. Die einfachen haben neben dem Titel einen Stern *, die weniger einfachen haben zwei Sterne **, die schwierigeren drei ***.

Im hinteren Teil des Buches gibt es einen Informationsteil. Der hilft euch, die Hintergründe der Geschichten besser zu verstehen. Kleine, hochgestellte Nummern in den Texten verweisen auf die dazugehörige Information. Was ihr sonst nicht versteht, könnt ihr im Wörterbuch oder im Lexikon nachschlagen.

Die Fragen und Aufgaben nach jedem Text sind Anregungen für den Unterricht. Natürlich könnt ihr das Buch aber auch ganz allein lesen.

Nun wünschen wir euch eine gute Reise!

Melanie Baschung
Thomas Brunner
Silvia Cartier
Daniel Djakovic
Mirjam Fluri
Sabrina Gempeler
Claudia Halbenleib
Annekäthi Häusermann
Simone Hürzeler
Alexandra Joss
Jarmila Kolman
Michael Maler
Melanie Nelles
Damaris Nydegger
Saila Prado,
Amina Rosenthal
Bettina Schulz
Lea Siegenthaler
Beatrix Verbeek
Pia Volkers
René Wüthrich
Julia Zimmermann

Trix Bürki, Sabine Kronenberg und Franco Supino

Marcus Becker (m)
1966 geboren, 41 Jahre alt, Deutschland[4]

Die Frau mit den langen Fingern *

Es war sehr kalt und regnete in Strömen. Da klopfte jemand. Durch die Glastür sah ich eine völlig durchnässte, junge Frau. Ich öffnete.
«Guten Tag, ist dein Vater zu Hause? Ich habe einen Termin wegen meiner Hochzeit.»
«Nein, Vater und Mutter sind in der Kirche[15]. Sie können ja hinüber gehen.»
«Mir ist kalt, darf ich hier auf ihn warten?»
«Es dauert aber noch eine Weile. Sie bereiten den Gottesdienst[15] für morgen vor.»
«Dann geh ihn doch holen.»
Ich führte die Dame in Vaters Arbeitszimmer und bat sie, Platz zu nehmen. Dann rannte ich über den Friedhof zur Kirche. Es regnete immer noch heftig.
Drinnen rief ich: «Vater, in deinem Büro wartet eine Frau auf dich.»
«Wie? Jetzt? Ich habe doch nie Termine an einem Samstag!», sagte er erstaunt.
Vater eilte aus der Kirche und lief geradewegs in sein Büro. Ich folgte ihm. Dabei fragte ich mich, was ich falsch gemacht haben könnte.
«Marcus, die Frau ist weg und hat die Geldkassette mit den Kirchenkollekten[15] gestohlen!» Vater war wütend.
«Es tut mir leid», schluchzte ich. Nie hätte ich gedacht, dass die Frau böse Absichten haben könnte.
Vater alarmierte die Polizei. Der Beamte stellte mir viele Fragen und wollte alles bis ins kleinste Detail wissen. Nachher durfte ich mit auf den Polizeiposten, wo man mir Fotos von möglichen Verbrecherinnen zeigte. Es war wie in einem Krimi.

Ich schlüpfte in die Rolle des Detektivs. Doch keines der Fotos glich der Dame auch nur im Geringsten. Wie sollte Privatdetektiv Marcus Becker denn so seinen ersten Fall lösen?
Beim zweitletzten Foto entdeckte ich endlich eine Ähnlichkeit: «Das könnte die Frau sein. Ja, so sah sie aus.»
Der Polizist machte ein ernstes Gesicht: «Bist du dir ganz sicher, Marcus? Schau dir das Foto bitte nochmals genau an.»
Sicher war ich mir nicht. Detektiv Marcus Becker sagte trotzdem ja. Der Beamte räumte die Fotos weg. «Wir danken dir. Du hast uns sehr geholfen. Wenn du willst, fahren wir dich mit dem Polizeiauto nach Hause.»
«Wirklich?»
«Wirklich», antwortete der Polizist.

Pia Volkers, René Wüthrich

Fragen und Aufgaben zum Text

1) Darf man als Kind fremde Leute ins Haus lassen, wenn man allein zu Hause ist? Was hättest du an Marcus' Stelle getan? Diskutiert in der Klasse darüber.
2) Wie ging die Geschichte wohl weiter? War die Frau, deren Foto Marcus auf dem Polizeiposten gesehen hat, die gesuchte Diebin? Schreibe die Geschichte weiter.
3) Spielt die Geschichte mit verteilten Rollen. Ihr könnt sie auch in mehrere Szenen aufteilen, zum Beispiel: Marcus allein zu Hause – Der Diebstahl – Vater wird wütend – Auf dem Polizeiposten – Einige Wochen später.

Marcus Becker (m)
1966 geboren, 41 Jahre alt, Deutschland[4]

Geisterglocken *

Es war Mitternacht, als die Kirchenglocken läuteten wie wild. Ich hörte, wie mein Vater die Haustür öffnete und das Haus verliess. Kurze Zeit später war es wieder still. Er hatte das Geläut drüben in der Kirche[15] abgeschaltet.
Kaum hatte ich die Decke über meinen Kopf gezogen, läuteten die Glocken schon wieder. Erneut hörte ich Vater aus dem Haus eilen. Dann kehrte wieder Ruhe ein.
Ich versuchte einzuschlafen. Da läuteten die Glocken zum dritten Mal. Was war nur los? Glockenschläge mitten in der Nacht. Wie unheimlich! Trotzdem musste ich nachsehen gehen. Ich überquerte den Friedhof und betrat die dunkle Kirche. Vorne im Chor brannte eine Glühbirne.
«Was machst du hier?», fragte mich Vater. «Geh zurück ins Bett. Es ist nur das Geläut, das sich seltsamerweise selbst in Gang setzt.»
«Bist du sicher, dass es sich nicht um Geister handelt?»
«Ja, Marcus. An der Technik scheint es allerdings nicht zu liegen.»
Dann flüsterte er: «Komm, wir verstecken uns.»
Er knipste das Licht aus. Gemeinsam kauerten wir hinter einer Kirchenbank und warteten mäuschenstill. Ob nun Geister angeschwebt kämen? Ich hatte Angst und schmiegte mich an Vater. Nach einer Weile trat eine dunkle Gestalt aus der Besenkammer. Sie ging zur Schalttafel des Geläuts. Als sie auf unserer Höhe war, sprang Vater mit einem grossen Satz hervor und packte sie. Ich schaltete die Lampe ein.
Die Gestalt entpuppte sich als junger Mann aus der Nachbarschaft.
«Thomas! Was machst du hier? Warum läutest du die Kirchenglocken mitten in der Nacht?», donnerte Vater.

«Entschuldigen Sie, Herr Pfarrer[15]», stotterte Thomas. «Wir Konfirmanden[15] haben am Sonntag eine Wette abgeschlossen. Es geht um zehn Mark[4], und ich wollte nicht verlieren.»
Vater war verärgert: «Weisst du, was dein nächtliches Geläute für die älteren Menschen hier im Dorf bedeutet?»
Thomas schwieg und schaute zu Boden.
«Sie haben den Zweiten Weltkrieg[4] miterlebt. Damals läutete man die Kirchenglocken, um die Leute vor Bombern zu

warnen. Genauso hat es heute Nacht geklungen: Als ob wieder Bomber am Himmel kreisten! – Willst du die Leute in Angst und Schrecken versetzen? Willst du das?»
«Nein, Herr Pfarrer», antwortete Thomas leise.
Thomas tat mir ein bisschen Leid. Er wusste bestimmt nicht, woran sein Streich die älteren Leute erinnerte. Denn sie sprachen mit uns nie über den Krieg.

Pia Volkers, René Wüthrich

Fragen und Aufgaben zum Text
1) Hat dich nachts auch schon ein ungewöhnliches Geräusch geweckt? Wie hast du reagiert? Schreibe deine Erinnerungen auf und lies sie einem anderen Kind vor.
2) Welches ist für dich die spannendste Stelle der Geschichte? Erkläre einem anderen Kind deine Wahl. Erfindet nun zu zweit eine andere Fortsetzung. Ihr könnt euch auch eine Geistergeschichte ausdenken.
3) Wie lautete wohl die Wette von Thomas und den anderen Konfirmanden genau? Schreibe sie in ein oder zwei Sätzen auf.
4) Warum redeten die älteren Menschen in Deutschland nicht gern über den Krieg? Haben dir Erwachsene schon vom Krieg erzählt?
5) Manchmal verletzt man einen andern Menschen ohne Absicht. Ist dir das auch schon passiert? Nimm dir kurz Zeit und denke darüber nach.

Marcus Becker (m)
1966 geboren, 41 Jahre alt, Deutschland[4]

Schmuggelware ***

Mein Vater fuhr oft nach Ostdeutschland, in die DDR[3]. Er erzählte viel Seltsames von diesem Land. Die Läden waren nicht immer voll wie bei uns in der Bundesrepublik. Orangen zum Beispiel gab es fast nie. Oft musste man lange Schlange stehen. Viele Dinge aus dem Westen, besonders aus Amerika, waren sogar verboten. Das verstand ich nicht. Was sollte denn schlecht sein an Coca Cola, Zeitschriften oder Schallplatten? Mir taten die Leute leid. Nächste Woche war es wieder so weit. Und ich durfte mitfahren.
Alles, was man in dieses Land einführen wollte, musste man in eine Liste schreiben. Die Zöllner wollten genau wissen, was man mitbrachte.
Wir besuchten eine Familie mit einem Jungen in meinem Alter. Er hiess Jan. Was für ein Geschenk sollte ich ihm denn mitbringen? Ich entschied mich für ein «Donald Duck»-Heft aus meiner Sammlung und legte es in den Koffer.
Vater und ich hatten noch nie zu zweit eine Reise unternommen. Es war schön, allein mit ihm unterwegs zu sein. Die Fahrt ging durch Landschaften, die ich noch nie gesehen hatte. Ich fand alles sehr aufregend.
Da tauchte eine Tafel auf: «ZOLL» kündete sie in Grossbuchstaben an. Jetzt würden wir also die Grenze überqueren. Vater bremste am westdeutschen Zoll.
«Musst du noch pinkeln, Marcus? Im Niemandsland[3] dürfen wir nicht anhalten.»
Ich schüttelte den Kopf. Vater gab Gas. Wir fuhren durch das streng bewachte Gebiet.
«Vater, ich müsste doch mal dringend.»
«Marcus, ich habe dich doch vorhin gefragt!»

«Ich muss aber jetzt.»
«Dann mach in die Hose. Hier kann ich nicht anhalten.»
Wir näherten uns dem ostdeutschen Zoll. Es gab viele Scheinwerfer und Hunde, die uns Zähne fletschend anknurrten. Zum Glück waren sie in einem Zwinger eingesperrt. Dass ich pinkeln musste, vergass ich völlig. Hier war alles so unheimlich. Ein Zöllner hielt uns an und verlangte unsere Pässe und die Einfuhr-Liste. Sein strenger Blick kontrollierte alles, die Papiere und das Innere unseres Autos. Dann gab er Vater mit einem knappen Handzeichen zu verstehen, dass wir weiterfahren konnten.
«Du, Vater, darf man Comics einführen, wenn sie nicht auf der Liste stehen?»

«Comics?»
«Ja, oder Spielsachen – Dinge, die man einem Kind halt so mitbringt?», wich ich aus.
«Nein, man muss alles auflisten, was man mitbringt. Wie kommst du darauf?»
«Halt bitte an, ich muss jetzt dringend pinkeln.»
Ich war froh, konnte ich ihn ablenken.
Endlich kamen wir an. Ich konnte es kaum erwarten, Jan mein Geschenk zu überreichen. «Ich habe dir etwas mitgebracht», sagte ich und drückte ihm das «Donald Duck»-Heft in die Hand. Jan bedankte sich höflich. Aber er schien nicht besonders erfreut zu sein.
In seinem Zimmer erfuhr ich den Grund. Im Bücherregal entdeckte ich einen hohen Stapel Comic-Hefte: «Donald Duck» lag da, «Mickey Mouse» und «Spiderman».
«Du hast so viele Comics?», fragte ich erstaunt.
«Ach, weisst du, alle, die uns besuchen, schenken mir Comics. Dein Heft habe ich schon dreifach.»
Er zog ein «Mickey Mouse»-Heft aus dem Stapel. «Dieses habe ich sogar vierfach. Willst du es?»
Wir mussten beide lachen.

Pia Volkers, René Wüthrich

Fragen und Aufgaben zum Text
1) Lest die Geschichte laut mit verteilten Rollen. Versucht, euch in die Personen hineinzuversetzen beim Vorlesen.
2) Weshalb brachten alle Besucherinnen und Besucher Comic-Hefte für Jan mit? Gab es in der DDR keine Comics? Wo kannst du eine Antwort auf diese Frage erhalten und Informationen über diesen Staat finden?
3) Hast du auch schon ein Geschenk mitgebracht, über das sich die beschenkte Person nicht freute? Wie hast du reagiert? Was tust du, damit du das richtige Geschenk auswählst? Schreibe deinen besten Tipp auf ein Blatt und schenke ihn einem anderen Kind.

Samuel Adams (m)
1964 geboren, 43 Jahre alt, Simbabwe[10]

Nirgends zu Hause *

In Simbabwe hatte ich nie ein richtiges Zuhause. Meine Eltern liessen sich scheiden, als ich noch sehr klein war. Mein Vater hat sich danach nie mehr bei uns gemeldet. Meine Mutter lernte einen jungen Schweizer kennen, der in Afrika auf Reisen war. Die beiden beschlossen zu heiraten[19], als ich drei Jahre alt war. Meine Mama und mein Schweizer Papa wollten sich ein neues Leben aufbauen in der Schweiz[9]. Irgendwann sollten auch ich und meine fünf Geschwister nachfolgen.

Bis zu diesem Zeitpunkt lebten wir Kinder verteilt bei Verwandten. Wir konnten immer nur so lange bleiben, wie es den Verwandten finanziell möglich war, für uns zu sorgen. Kaum hatte ich mich an einem Ort eingelebt, musste ich meine neuen Freunde schon wieder verlassen und zu einem anderen Verwandten ziehen. Das Schönste war die Schule. Doch auch diese musste ich immer wieder wechseln. Das war nicht einfach. Als ich etwa neun Jahre alt war, durfte ich zu meiner Tante ziehen. Sie wohnte in der Stadt und hatte genug Geld, um mich bis zu meiner Abreise in die Schweiz zu versorgen. Ich fühlte mich das erste Mal ein wenig zu Hause. Bald fand ich auch einen guten Freund. Er hiess Maxwell. Max war mein Nachbar. Wir gingen zusammen durch dick und dünn und erlebten viele Abenteuer.

In den Schulen von Simbabwe gab es viele Gangs. Die einen waren die Hübschen, in die sich alle Mädchen verliebten. Dann gab es Sportlergangs und Schlägergangs. Die Schläger durfte man nicht einmal ungefragt ansehen, sonst wurde man verprügelt. Auf dem Schulhof, in den Quartieren und Bars gab es oft Schlägereien.

Max und ich gehörten zu den Reichen. Max war ausserdem sehr hübsch. Das gab oft Ärger, denn immer wieder verliebten sich Mädchen in ihn, die eigentlich mit Jungs aus einer anderen Gang zusammen waren. Das ging so weit, dass uns Gangs aus anderen Quartieren vor dem Schulhof auflauerten. Da war es besser, nicht allein zu sein, sonst hatte man Pech. Ich konnte nie verstehen, wieso man sich nicht auch mit Worten einigen konnte. Aber für die Schlägergang war genau das ein Zeichen von Schwäche. Oft wurde ich verdroschen, weil ich schlichten wollte. Mit der Zeit fand ich es besser, ein Feigling mit schnellen Beinen zu sein.

Claudia Halbenleib, Lea Siegenthaler

Fragen und Aufgaben zum Text
1) Die Geschichte spielt in einem afrikanischen Land. Suche Simbabwe im Atlas.
2) Beantwortet in Dreiergruppen folgende Fragen: Welche Sprache spricht man in Simbabwe? Wie viele Menschen leben dort? Wie heisst die Hauptstadt? Welche Regierungsform hat das Land? Was könnt ihr sonst noch herausfinden? Sucht im Informationsteil dieses Buches, im Internet oder in der Bibliothek.
3) Stell dir vor, Samuel würde einem anderen Kind von seinem Leben in Simbabwe erzählen. Er sagt: «Ich fühlte mich nirgends zu Hause. Meine Mutter … … … Ich musste immer … … … Lange Zeit … … …» Ergänze die Sätze im Kopf und schreibe sie anschliessend auf. Vergleiche sie mit einem anderen Kind.
4) Ist Samuel ein Feigling, wenn er wegrennt? Diskutiert in der Klasse.
5) Wenn sich zwei andere Kinder auf dem Pausenplatz schlagen, wie reagierst du? Denke darüber nach. Macht anschliessend in einer kleinen Gruppe ein Rollenspiel: Zwei Kinder streiten sich, ein drittes kommt hinzu und versucht zu schlichten. Was passiert?

Samuel Adams (m)
1964 geboren, 43 Jahre alt, Simbabwe[10]

Abschiedsfeier am Flughafen **

Endlich war es soweit: Meine Schwester und ich sollten zu Mama in die Schweiz[9] reisen. Die anderen vier Geschwister lebten bereits dort.[19] Ich war dreizehn Jahre alt. Fast zehn Jahre hatte ich ohne Eltern in Simbabwe leben müssen. Doch Mama hatte mich oft besucht, und meinen neuen Papa hatte ich bereits lieb gewonnen. Ich freute mich, aber es kam mir schon sehr seltsam vor, in einem anderen Land ein neues Leben zu beginnen.

In vielen afrikanischen Ländern ist es üblich, dass bei wichtigen Ereignissen das ganze Dorf miteinander feiert oder trauert. Bei der Ernennung eines neuen Häuptlings zum Beispiel, wenn jemand Geburtstag hat oder jemand gestorben ist. Unsere Abreise war ein trauriger Anlass. Viele Leute kamen zum Flughafen, um sich von meiner Schwester und mir zu verabschieden: Verwandte, Bekannte, Nachbarn und Schulkameraden. Mein bester Freund Max war auch da. Der Abschied von ihm fiel mir besonders schwer. Wir umarmten uns und weinten. Ich sah ihn damals am Flughafen zum letzten Mal. Nie wieder habe ich einen so guten Freund wie ihn gefunden.

Als das Flugzeug abhob, war ich sehr aufgeregt. Ich flog zum ersten Mal in meinem Leben. Und ich war gespannt, was mich in der Schweiz erwarten würde. Wir hatten in der Schule viel von diesem Land gehört. In der Schweiz seien alle Leute reich, nett und glücklich. Ich konnte es kaum erwarten, die Flugzeuge der ‹Swissair›, die Bauernhöfe und die Alphörner zu sehen. Ein tolles Land musste das sein, in dem es keine Gewalt gibt und alle genug zu Essen haben.

Claudia Halbenleib, Lea Siegenthaler

Fragen und Aufgaben zum Text
1) Von wem fiel Samuel der Abschied besonders schwer? Versuche seine Gefühle zu benennen und schreibe sie auf.
2) Nenne drei Dinge, die Samuel über die Schweiz lernte in der Schule. Ist es wirklich so? Diskutiert in der Klasse.
3) Wie Menschen aus Afrika ihre Länder beschreiben, könnt ihr auch in Kinderbüchern nachlesen. Ein spannender Roman ist zum Beispiel «Djemas Traum vom grossen Auftritt» von Idrissa Keïta (Zürich: Atlantis/BAOBAB 2001). In der Geschichte lernt ihr einen neunjährigen Jungen aus Mali kennen. Unter www.globaleducation.ch findet ihr Materialien dazu und viele weitere Lesetipps.

Samuel Adams (m)
1964 geboren, 43 Jahre alt, Simbabwe[10]

Wieder vereint **

Es war Januar und bitterkalt, als ich mit dem Flugzeug in der Schweiz[9] landete. Alles war mit Eis und Schnee bedeckt. Bisher hatte ich nur in der Schule davon gehört. Echten Schnee hatte ich noch nie in meinem Leben gesehen. Sofort musste ich ihn anfassen. Er war noch viel kälter als der Wind, der mir um die Ohren sauste.
Wo ist Mama?, schoss es mir durch den Kopf. Meine Augen wanderten durch die Ankunftshalle des Flughafens. Da! Mama und Papa hielten warme, dicke Winterjacken für meine Schwester und mich bereit.
«Wenn es immer so kalt ist, möchte ich lieber wieder zurück», sagte ich. Mama lachte:
«Keine Sorge, Sam, hier gibt es vier Jahreszeiten. Schon bald kommt der Frühling.»
In Simbabwe gibt es nur die Regen- und die Trockenzeit. Die Temperaturen sinken tagsüber das ganze Jahr nicht unter 23 Grad.
Ich war froh, endlich bei meiner Familie zu sein.[19]
Als wir in meinem neuen Zuhause ankamen, sah ich all meine Geschwister wieder und lernte die Verwandten meines Papas kennen. Aber wie reden die bloss? Neugierig hörte ich meiner

Schweizer Verwandtschaft zu. Ich versuchte, mich auf Englisch an ihrem Gespräch zu beteiligen. Aber sie verstanden mich nicht.
Seltsam, in Simbabwe sprechen alle Leute Englisch. «Warum reden die Schweizer nicht Englisch, Mama?» Sie erklärte mir, dass in Europa viele verschiedene Sprachen gesprochen würden und es keine gemeinsame gebe. Das, was ich höre, sei Schweizerdeutsch. «Das werde ich nie lernen», stöhnte ich. Mama lächelte nur und meinte: «Keine Sorge, das wird schon gehen. Wir helfen dir.»
Ich sah bald ein, dass ich Deutsch lernen musste. Vor allem für die Schule. Während sich meine Schweizer Schulkameraden nach dem Unterricht vergnügten, mussten meine Geschwister und ich zu Hause Deutsch büffeln mit Papa. Er liess uns Texte vom Englischen ins Deutsche übersetzten. Das war wirklich kein Spass. Aber heute bin ich ihm sehr dankbar. Die Lehrer in

der Schule merkten schnell, dass ich ein sehr schlauer Kopf war. Als mein Deutsch immer besser wurde, versetzten sie mich in eine höhere Stufe. Das Schweizerdeutsch brachte ich mir nach und nach selber bei.

Meine Oma lehrte mich, worauf man in der Schweiz grossen Wert legt: Anstand, Ordnung und Respekt. Einiges war neu für mich. Respekt hatte ich früher vor niemandem, der kleiner oder schwächer war als ich. Der konnte mich ja nicht verprügeln!

Bald stellte ich fest, dass in der Schweiz doch nicht alles so paradiesisch war, wie ich es mir vorgestellt hatte. Doch es ist ein Land, in dem man sich wohlfühlt. Es wurde mein neues Zuhause.

Der Frühling kam wirklich bald …

Claudia Halbenleib, Lea Siegenthaler

Fragen und Aufgaben zum Text

1) Stelle dir vor, Samuel würde Max einen Brief schreiben, in dem er sein neues Leben in der Schweiz schildert. Schreibe die Textstellen ab, die dir entsprechende Informationen liefern. Verfasse nun den Brief an Max, in dem du die Sätze verwendest. Zeige den Brief anschliessend deiner Lehrperson.
2) Warum war Samuel erstaunt, dass die Leute in der Schweiz nicht englisch sprechen? Überlege dir eine Antwort auf die Frage.
3) Wie haben Samuel und seine Geschwister Deutsch gelernt? Suche die entsprechende Stelle im Text. Hast du Deutsch auch als zweite Sprache gelernt? In der Schule, im Kindergarten, zu Hause? Frage Kinder anderer Muttersprache, wie sie Deutsch gelernt haben. Ihr könnt einige Fragen in der Klasse zusammenstellen und Interviews machen. Vielleicht erscheinen die Texte sogar in der Schülerzeitung?
4) Samuel sagt zum Schluss: «Der Frühling kam wirklich bald …» Vielleicht meint er nicht nur die Jahreszeit damit. Was verbindest du mit dem Wort ‹Frühling›? Licht, Hoffnung, …? Fallen dir weitere Gefühle und Bilder dazu ein?

Ivana Jankovic-Kondic (w)
1962 geboren, 45 Jahre alt, Kroatien[7]

Die schwarze Kuh *

Als Kind lebte ich auf einem kleinen Bauernhof in Kroatien. Ich erinnere mich an den Morgen, als sich meine Mutter leise ins Zimmer schlich und mich weckte: «Aufstehen, Kleine!» «Ich bin so müde, Mama. Ich möchte lieber weiterschlafen», antwortete ich und drehte mich auf die andere Seite. Doch Mutter rüttelte mich wach und sagte: «Du sollst lernen, wie man Kühe melkt.»
Die Vögel zwitscherten. Ich sah aus dem Fenster. Es dämmerte. Schlaftrunken stand ich auf und schlüpfte in meine Kleider. Ich zog Stiefel und einen alten Mantel an. Mutter fragte: «Bist du bereit?» «Ja», antwortete ich, «es kann losgehen.»
Ich folgte Mutter in den Stall. Vater war bereits am Melken. Der Stall war sehr klein. Es roch nach Mist. Wir besassen vier Kühe und ein Kalb. Eine Kuh schien mir besonders. Sie war schwarz wie die Nacht bis auf einen kleinen, weissen Fleck im Gesicht. Sie gab am meisten Milch, liess sich jedoch nur von Vater melken.
Mutter zog mich zur Stallwand: «Die Kühe dürfen dich nicht sehen, und du darfst sie nicht streicheln.» «Warum nicht?», fragte ich. «Weil sie sonst keine Milch geben», antwortete sie. «Schau gut zu!» Mutter näherte sich einer Kuh von hinten und begann zu melken. Als sie damit fertig war, sagte Vater zu ihr: «Versuch mal wieder, die Schwarze zu melken!» Mutter nahm den Melkschemel und setzte sich neben die Kuh. «Ivana, komm her und pass auf!», rief Mutter. Sie griff mit jeder Hand eine Zitze und fing an zu melken. Da schlug ihr die Schwarze den Schwanz ins Gesicht, und dann ging alles sehr schnell.
Ich sah, wie die Kuh mit dem Hinterbein ausschlug und Mutter vom Schemel warf. Ich schrie auf.

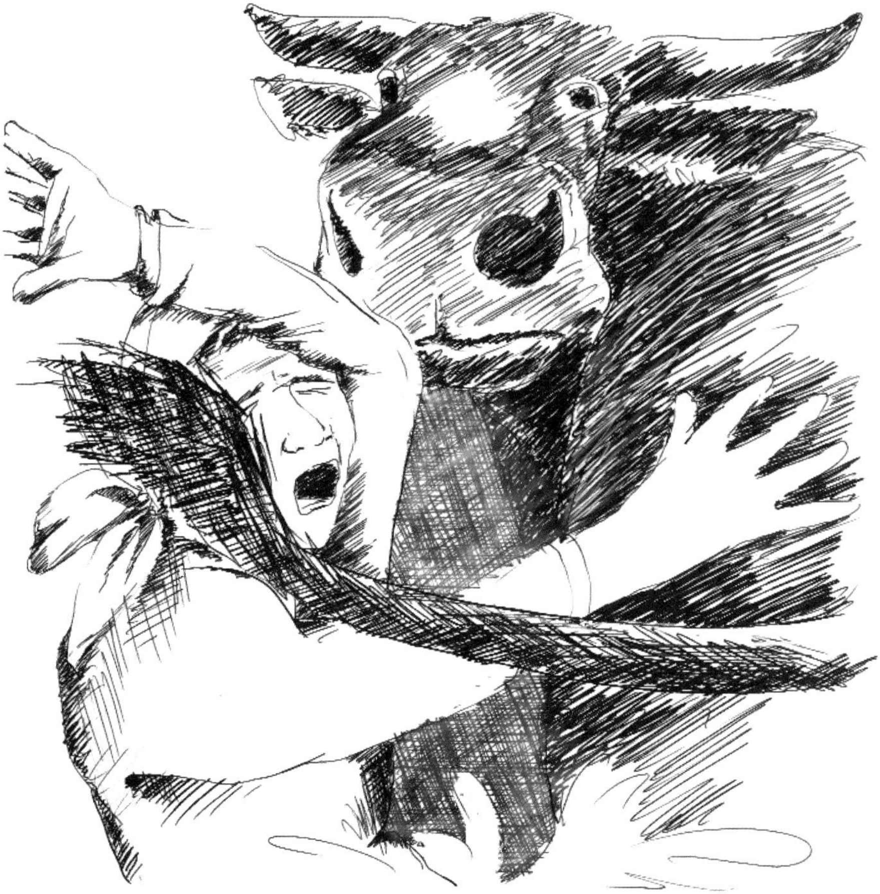

«Was ist passiert?» Vater kam herbei. «Die Schwarze hat Mama getreten», antwortete ich. «Au, mein Auge», jammerte Mutter. Die Kuh hatte sie am rechten Auge erwischt. Es war rot und schwoll rasch an. Mutter weinte. Ich ging mit ihr ins Haus. Sie kühlte die Verletzung mit Eiswürfeln und legte sich hin.
Von diesem Tag an molk nur noch Vater die Schwarze. Mutter wollte nichts mehr zu tun haben mit Kühen. Deshalb musste ich einspringen.
Ich half nicht gerne beim Melken, weil ich so früh aufstehen musste und weil ich Angst hatte, mir könnte etwas Ähnliches geschehen wie Mutter. Doch Vater lehrte mich: «Man muss Respekt haben vor den Tieren. Sie sind nicht berechenbar.» Ich beherzigte seinen Rat und blieb vorsichtig. Mir passierte zum Glück nie etwas.

Daniel Djakovic, Saila Prado

Fragen und Aufgaben zum Text

1) Ivana ist auf einem Bauernhof aufgewachsen. Warst du schon auf einem Bauernhof? Hattest du Gelegenheit zu beobachten, wie eine Kuh gemolken wird? Gibt es an deinem Wohnort eine Möglichkeit? Wenn du Lust hast, frage den Bauern oder die Bäuerin, ob du zuschauen darfst.
2) Wurdest du auch schon einmal von einem Tier verletzt oder bedroht? Erzähle den anderen Kindern von diesem Erlebnis.
3) Welche Aufgaben musst du zu Hause erledigen? Mache eine Liste und tausche dich mit anderen darüber aus.
4) Ivanas Vater sagt, man müsse Respekt vor Tieren haben, weil sie nicht berechenbar seien. Überlege, was er damit meint. Finde andere Wörter für die Ausdrücke ‹Respekt› und ‹berechenbar›.
5) Verstehst du alle Wörter im Text? Wenn nicht, schlage sie in einem Wörterbuch nach. Schreibe sie anschliessend auf Kärtchen und merke dir die Bedeutung.

Ivana Jankovic-Kondic (w)
1962 geboren, 45 Jahre alt, Kroatien[7]

‹Miss Karussell› **

Das ganze Haus duftete nach frisch gebackenen Keksen. Ich stand vor dem Spiegel und fühlte mich schön. Mutter hatte mir die Haare zu einem Zopf geflochten, und ich trug mein rosafarbenes Kleid. Das durfte ich nur bei besonderen Gelegenheiten anziehen.
Heute putzten sich alle heraus. Es war der 10. August, der Tag des heiligen Laurentius[15]. Da besuchten sich die Familien abwechselnd, und das Dorf veranstaltete ein Kirchweihfest. Ich war voller Vorfreude.
Der Geruch von gebratenem Fleisch drang aus der Küche. Die Verwandten trafen ein, das Festessen konnte beginnen. Vater hatte gestern ein Schwein geschlachtet, Mutter den ganzen Morgen mit Vorbereitungen verbracht. Wie gut all die Leckereien schmeckten! Das Schönste kam aber erst noch: das Kirchweihfest!
Am Nachmittag holten mich meine zwei besten Freundinnen ab. Auch Katarina und Vesna hatten ihre schönsten Kleider angezogen. Schon von Weitem konnten wir das Orchester hören.
Es waren viele Leute da. Wir drängten uns von Stand zu Stand. Am meisten interessierten uns Süssigkeiten und Spielsachen. Plötzlich knallte es hinter mir. Ich spürte ein leichtes Brennen an meinem rechten Bein und drehte mich um. Ein paar Jungen warfen Knallfrösche zwischen unsere Beine. «Verschwindet!», rief Vesna. «Hört auf damit und lasst uns in Ruhe!», fügte Katarina hinzu. Vergebens. Wir rannten weg.
«Oh, nein!», rief ich. «Meine Strümpfe sind kaputt. Ein Knallfrosch hat ein Loch hinein gebrannt.» Meine Freundinnen begutachteten das Brandloch besorgt. «Halb so schlimm!»

Ich wollte die Stimmung nicht verderben: «Lasst uns Kettenkarussell fahren!»
Wir warteten, bis drei Plätze nebeneinander frei waren. Dann begann sich das Karussell zu drehen. Wir fassten uns an den Händen. Die zwei Minuten waren viel zu schnell vorbei. Ich wollte schon aussteigen, da stand plötzlich der Karussellbesitzer neben mir.
«Wie heisst du?», sprach er ins Mikrofon und hielt es mir hin. Zuerst antwortete ich nicht. Dann sagte ich: «Mein Name ist Ivana Kondic.»
Alle Leute schauten mich an. Das war ein seltsames Gefühl.
«Was für ein wunderschöner Name!», freute sich der Mann. «Liebe Ivana, du bist unsere ‹Miss Karussell›!» «Was?» Mein Gesicht war bestimmt so rot wie eine Tomate. «Unsere ‹Miss Karussell› darf gratis zwei Runden allein drehen.»

Und los gings! Ich strahlte vor Freude und winkte mit einer Hand meinen Freundinnen zu, wenn ich mich an ihnen vorbeidrehte. Mit der anderen Hand verdeckte ich das Brandloch in meinen Strümpfen: So viele Leute schauten zu mir hoch!

Als die zwei Fahrten vorüber waren, gratulierte mir Katarina. «Hat man meine kaputten Strümpfe gesehen?», fragte ich. Vesna lachte mich aus: «Natürlich nicht!» Ich lachte erleichtert mit.

Diesen Tag als ‹Miss Karussell› habe ich nie vergessen.

Daniel Djakovic, Saila Prado

Fragen und Aufgaben zum Text

1) In vielen Ländern werden Feste gefeiert, die mit der jeweiligen Religion verbunden sind. Im Christentum zum Beispiel sind dies Weihnachten oder Ostern. Sammelt Namen, Daten und Aktivitäten von Festen aus unterschiedlichen Religionen und Ländern.
2) Bringt Fotos von Festen mit, die ihr gefeiert habt. Befestigt sie mit Magneten an der Wandtafel und schreibt eine Bildlegende dazu. Ihr könnt eine Ausstellung im Klassenzimmer gestalten.
3) Oftmals gibt es ein bestimmtes Essen zu einem Fest – bei Ivana gab es Schweinefleisch und Kekse. Bringt von zu Hause typische Rezepte von Festmahlzeiten mit. Vielleicht könnt ihr in der Schule ein Festessen zubereiten?
4) Suche Stellen im Text, die beschreiben oder darauf hindeuten, wie sich Ivana als ‹Miss Karussell› fühlte. Notiere sie. Finde Wörter, die Ivanas Gefühle beschreiben. Hast du schon mal etwas Ähnliches gefühlt wie Ivana? Erzähle es einem anderen Kind.
5) Die Geschichte spielt in Kroatien. Kennst du jemanden, der diese Sprache spricht? Versuche herauszufinden, wie die Wörter ‹Karussell›, ‹glücklich› und ‹peinlich› auf Kroatisch heissen.

Ivana Jankovic-Kondic (w)
1962 geboren, 45 Jahre alt, Kroatien[7]

Schritt für Schritt auswandern ***

Mit sechzehn Jahren heiratete ich Simon, den Sohn unserer Nachbarn. Obwohl ich in Kroatien eine sehr schöne Kindheit erlebt hatte und mir nichts fehlte, wollte ich weg von unserem Dorf und etwas Neues kennenlernen. Ich träumte davon, nach Australien auszuwandern. Doch Simon überredete mich, mit ihm in die Schweiz[9] zu ziehen.
Hier wohnten wir zuerst beim Bruder meines Mannes. Simon arbeitete als Gärtner. Ich war arbeitslos und kümmerte mich um den Haushalt. Doch wir wollten möglichst bald eine eigene Wohnung. Billig musste sie sein.
Wir fanden ein Zimmer mit Küche und Bad. Warmwasser und eine Zentralheizung gab es nicht. Nur einen Holzofen und einen Gasherd. Wenn wir uns waschen wollten, musste ich das Wasser auf dem Herd erhitzen. In einer Zimmerecke lagen eine Matratze, zwei Kissen und eine Decke. Das war unser Bett. Simons Chef schenkte uns manchmal Möbel. Ab und zu fanden wir brauchbaren Sperrmüll am Strassenrand. Einmal war sogar ein kleiner Fernseher dabei. Er flimmerte stark, aber das störte uns nicht sehr. Simon verdiente nicht viel, also kaufte ich immer nur das Nötigste ein.
Weil er eine Arbeitsstelle hatte, besass mein Mann eine Saisonbewilligung.[19] Damit durfte er jeweils neun Monate lang in der Schweiz bleiben. Die übrigen drei Monate musste er in Kroatien verbringen. Ich hatte nur ein Touristenvisum.[18] Alle drei Monate musste ich die Schweiz verlassen und in mein Herkunftsland zurückkehren.
Oft musste ich allein hin- und herreisen. Das war mir unangenehm. Die Reisen waren anstrengend und die Fahrkarten teuer. Ich blieb jeweils nur so lange in Kroatien, bis ich ein

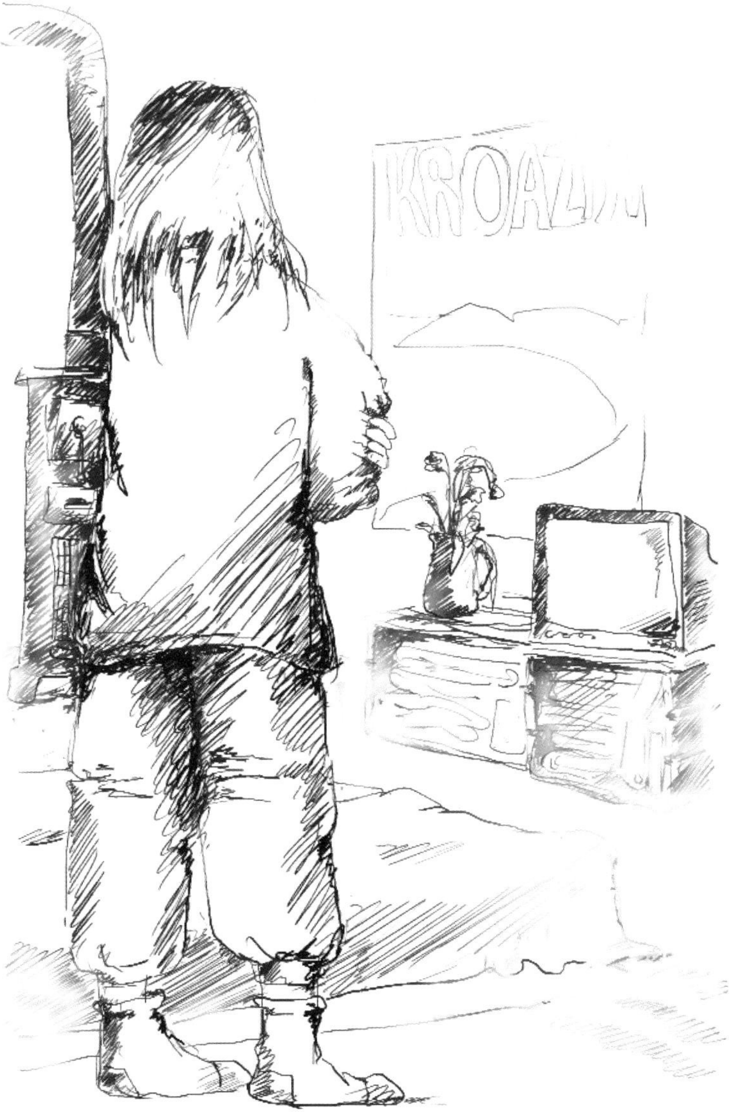

neues Visum erhielt. Vor der Rückreise beschenkten mich meine Verwandten mit selbst hergestellten Produkten wie Käse und Wurst. Aus der Schweiz brachte ich ihnen dafür immer Schokolade und Kaffee mit.

Nach vier Jahren erhielt Simon die B-Bewilligung[19] und durfte sich nun das ganze Jahr über in der Schweiz aufhalten. Als Ehefrau erhielt ich dieselbe Aufenthaltsbewilligung. Schluss mit der Reiserei alle drei Monate!

Nach langem Suchen fand ich Arbeit in einem Pflegeheim. Wir konnten uns nun mehr leisten. Im Umgang mit den Bewohnerinnen und den Mitarbeitern lernte ich rasch Deutsch. Ich habe mich immer wohlgefühlt in der Schweiz, auch wenn wir anfangs nur das Nötigste zum Leben hatten.

Daniel Djakovic, Saila Prado

Fragen und Aufgaben zum Text

1) Durch welche Länder und Städte ist Ivana mit dem Zug gereist? Schlagt zu zweit in einem Atlas eine Karte von (Südost-)Europa auf und zeichnet den Weg von Basel nach Zagreb mit den grössten Ortschaften und allen Grenzübergängen auf ein Blatt.
2) Warst du auch schon einmal in einem Land, das so weit entfernt ist? Wie bist du gereist, und wie lange dauerte ein Weg? Sammelt Reiserouten.
3) Zeichne ein Bild, wie du dir die Wohnung und das Zimmer von Ivana und Simon vorstellst. Wie sieht dein Zimmer aus? Zeichne auch davon ein Bild.
4) Hast du schon einmal Geld gespart? Wofür? Erzähle der Klasse von deinen Erfahrungen.

Sailan Shirandam (m)
1965 geboren, 43 Jahre alt, Sri Lanka

Meine kleine Schwester *

«Gestern ist meine Schwester zur Welt gekommen!», verkündete ich meinem Freund Kumar auf dem Schulweg. Wir besuchten zusammen die dritte Klasse.
«Stell dir vor: ein Winzling, der einmal so gross werden soll wie wir!» Kumar fand das nicht besonders aufregend. Er hatte schon vier Geschwister.
Ich fragte ihn, ob es für meine Schwester Saradananda auch ein grosses Fest geben würde wie für die anderen Neugeborenen. «Erinnerst du dich, was es dann zu essen gibt? Werden alle Freunde und Verwandten eingeladen, auch die von weiter weg?» «Du nervst», sagte Kumar, «frag doch einfach deine Eltern.»
Es gab tatsächlich ein Fest. Einunddreissig Tage nach Saradanandas Geburt gingen wir in den Hindutempel[16] auf der anderen Seite unseres tamilischen[12] Dorfes.
Wir beteten da jeden Freitag zu Agni, dem Feuergott.[16] Der Tempel war bestimmt dreimal so gross wie unser Haus und innen mit Perlen, Blumen, Teppichen und farbigen Bändern geschmückt.
Der Priester weihte Saradananda als Zeichen dafür, dass sie in die Familie aufgenommen worden war. Viele Leute feierten mit uns. Ich kostete von all den verschiedenen Gerichten, die meine Familie vorbereitet hatte.
Kumar und seine Familie waren auch eingeladen. «Weisst du jetzt, wie man die Neugeborenen feiert?», fragte mich mein Freund spöttisch.

Als Saradananda ihren ersten Zahn kriegte, gab es wieder ein Fest. Meine Mutter hatte einen Kuchen mit vielen kleinen

Zacken gebacken, die aussahen wie Zähne. Der Kuchen wurde über der Wiege meiner Schwester zerbrochen. Alle Anwesenden erhielten ein Stückchen davon.

Dann wurde Saradananda in ein anderes Zimmer gebracht und auf den Boden gesetzt. Hier lagen viele Spielsachen, Werkzeuge und sonstige Dinge herum. Meine Schwester sollte einen Gegenstand auswählen. Saradananda krabbelte los und ergriff einen Bleistift. Unsere Eltern freuten sich sehr über die Wahl: Ihre Tochter würde eine gute Schülerin werden!

Am nächsten Tag in der Schule erzählte ich Kumar stolz: «Saradananda hat sich für einen Bleistift entschieden!» Kumar grinste: «Du hast damals bestimmt ein Kopfkissen gewählt!»
«Warum?»

«Weil du in der Schule immer so faul bist!», lachte er. Ich wollte ihn schlagen, merkte aber, dass die Lehrerin böse zu uns herüberschaute. Also liess ich es bleiben.

Übrigens: meine Schwester wurde tatsächlich eine sehr gute Schülerin.

Simone Hürzeler, Sabrina Gempeler

Fragen und Aufgaben zum Text
1) Wo liegt Sri Lanka? Suche das Land im Atlas. Wie lautet sein älterer Name? Welches sind seine Nachbarländer?
2) Welcher Religion gehört Sailan an? Wo findest du Hinweise im Text? Suche im Lexikon oder im Internet nach Informationen über diesen Glauben.
3) Stell dir den Tempel vor, in dem Saradanandas erstes Fest stattfand, und zeichne ihn. Suche anschliessend in Büchern oder im Internet Fotos von entsprechenden Tempeln und vergleiche sie mit deiner Vorstellung. Vielleicht hat eure Lehrperson Abbildungen?
4) Was für Gegenstände lagen wohl in dem Zimmer, und was könnten sie bedeuten? Schreibt zu zweit eine Liste mit Dingen und ihren möglichen Bedeutungen. Welchen Gegenstand würdest du wählen?

Sailan Shirandam (m)
1965 geboren, 43 Jahre alt, Sri Lanka

Untertauchen **

Seit ich mich erinnern kann, gibt es in Sri Lanka einen Bürgerkrieg. Als ich sechzehn Jahre alt war, breitete er sich aus. Militärtruppen hielten sich in der Nähe unseres tamilischen[12] Dorfes auf. Das war gefährlich: Sie könnten im Dorf junge Männer als Soldaten einziehen. Wachen wurden aufgestellt, um uns Jugendliche vor dem Militär zu warnen. Die Väter planten einen Fluchtweg für uns.
Mitten in der Nacht weckte mich mein Vater. Er flüsterte: «Sailan, aufstehen, das Militär rückt an!» Ich zog mich rasch an. Dabei rief ich mir den Fluchtplan in Erinnerung.
Dann rannte ich im Dunkeln zum Treffpunkt neben dem Tempel. Kumar und meine anderen Freunde warteten bereits. Nacheinander kletterten wir in einen Kanalisationsschacht. Unten war es kalt und feucht. Wir konnten kaum etwas sehen und tasteten uns an den Wänden entlang. Ich zitterte vor Angst. Etwa zwei Stunden gingen wir geduckt durch die Abwasserleitung. Draussen dämmerte der Morgen. Endlich erreichten wir einen breiten Schacht und stiegen ins Freie. Vor uns lag das Nachbardorf. Wir versteckten uns wie geplant in einer Scheune. Die Dorfbevölkerung gab uns zu trinken und zu essen. Ich war ihnen sehr dankbar.
Zwei Tage später kehrten wir in unser Dorf zurück. Wir hatten gehört, dass es angegriffen worden sei. Ich machte mir grosse Sorgen um meine Familie. Von Weitem sah unser Dorf wie ausgestorben aus, nur Rauch stieg in den Himmel. Beim Näherkommen sah ich die zerstörten und abgebrannten Häuser. Ich rannte zu unserem Haus.
Meine Familie lebte und war unverletzt. Wir umarmten uns lange. Wie war ich froh! Viele meiner Freunde hatten nicht so

viel Glück. Einige ihrer Angehörigen waren ums Leben gekommen.
Nach diesen Ereignissen war mir klar, dass ich Sri Lanka verlassen musste.[20] Von einem Tag auf den anderen war meine Kindheit vorbei.

Simone Hürzeler, Sabrina Gempeler

Fragen und Aufgaben zum Text
1) Weshalb flüchtete Sailan? Suche nach Textstellen, die Antwort auf diese Frage geben. Schlage schwierige Wörter nach.
2) Sailan musste den Fluchtweg exakt im Kopf haben. Den Plan der Väter hat er sich genau eingeprägt. Skizziere einen möglichen Fluchtplan. Zeige ihn einem anderen Kind. Dieses merkt ihn sich und zeichnet ihn anschliessend selber auf.
3) Was bedeutet wohl der letzte Satz? Kannst du das in deinen eigenen Worten sagen?

Sailan Shirandam (m)
1965 geboren, 43 Jahre alt, Sri Lanka

Heimweh im Wunschland **

Auswandern ist teuer. Mein Erspartes reichte bei Weitem nicht. Deshalb arbeitete ich einige Monate in einer Gärtnerei. Während der Arbeit dachte ich darüber nach, wohin ich auswandern könnte. Ich erinnerte mich an eine Geografiestunde. Unser Lehrer hatte gesagt: «In Europa gibt es ein besonders reiches und friedliches Land. Dort findet man leicht Arbeit.» Dahin wollte ich auswandern, in die Schweiz.[9]
Als ich genügend Geld zusammengespart hatte, verabschiedete ich mich von meiner Familie. Ich flog nach Deutschland. Von dort reiste ich mit dem Zug weiter. Als ich in der Schweiz angekommen war, meldete ich mich bei der Einwanderungsbehörde. Ich hatte geglaubt, ohne Probleme in der Schweiz bleiben und gleich arbeiten zu können.[19] Leider war das nicht so. Ich wurde als Flüchtling[20] registriert und durfte die ersten sechs Monate nicht arbeiten.
Ich lebte in einer grossen Unterkunft mit vielen Menschen, die wie ich aus einem anderen Land geflüchtet waren. Sie alle warteten auf den Bescheid, ob sie bleiben durften. Ich hatte Glück: die Einwanderungsbehörde erteilte mir eine Aufenthaltserlaubnis.[20]
Zuerst fand ich Arbeit in einer Kantinenküche. Ich wusch Teller und schälte Kartoffeln. Das war sehr anstrengend. Doch hatte ich nun endlich etwas zu tun und verdiente Geld. Einen grossen Teil meines Lohnes schickte ich meinen Eltern, damit sie die Ausbildung meiner Schwester bezahlen konnten.
Ein Jahr später wechselte ich in eine Spitalküche. Hier war ich für viele verschiedene Arbeiten verantwortlich. Es machte mir Freude, für wichtige Aufgaben zuständig zu sein.
In der Spitalküche lernte ich meinen Freund Rami kennen.

Er stammte auch aus Sri Lanka und lebte damals schon seit fünf Jahren in der Schweiz. Wir verstanden uns von Anfang an gut und verbrachten oft die Freizeit miteinander. Rami erzählte mir von seiner Familie und zeigte mir ein Foto seiner Schwester.
Ein paar Wochen später lud mich Ramis Familie ein. Da traf ich seine Schwester Zaide zum ersten Mal. Sie war freundlich und gefiel mir sehr. Ich fühlte mich wohl in ihrer Gegenwart. Nach ein paar Monaten heirateten wir.

Seither sind viele Jahre vergangen. Mein Wunsch, eigene Kinder zu haben, ist in Erfüllung gegangen. Meine Frau und ich haben eine siebenjährige Tochter und einen vierjährigen Sohn.
Trotz meinem erfüllten Leben vermisse ich meine Verwandten und Freunde in Sri Lanka sehr. Wir telefonieren und schreiben uns häufig. Wenn es möglich ist, reise ich jedes Jahr in die Heimat mit meiner Familie.
Leider herrscht dort noch immer Bürgerkrieg, und viele Menschen fürchten jeden Tag um ihr Leben. Nach all den Jahren hier bin ich immer noch sehr dankbar, in der Schweiz leben zu dürfen.

Simone Hürzeler, Sabrina Gempeler

Fragen und Aufgaben zum Text
1) Kennst du andere Flüchtlingsgeschichten? Hast du sie gehört oder gelesen? Wann und wo fanden sie statt? Erzählt die Geschichten in kleinen Gruppen.
2) Warum durfte Sailan in der Schweiz nicht sofort arbeiten? Finde die Stelle im Text.
3) In welches Land würdest du auswandern, wenn du dich in einer ähnlichen Situation wie Sailan befändest? Schreibe eine kurze Begründung.
4) Wie hat Sailan seine Frau kennengelernt? Suche die Stelle im Text.

Martha König-Suarez (w)
1957 geboren, 50 Jahre alt, Peru[8]

Peru und ich *

«Wunderschön!», rief ich meinem Vater zu. «Heute gibt sich die Sonne besonders Mühe.» Vater stand neben mir auf der Klippe und stellte das Stativ auf.
Wir gingen oft an diesen Ort, um den Sonnenuntergang zu fotografieren. Ich schaute jedes Mal fasziniert auf die Linie, wo Himmel und Meer sich berührten. Auf dieser Klippe wehte der Wind meistens so stark, dass er mir die Haare zerzauste. Es roch nach Meer.
Diesmal schien die Sonne röter als sonst zu sein. Wie ein glühender Feuerball versank sie im Meer. Heute war wirklich ein ganz besonderer Tag. Es war der 27. Juli – mein Geburtstag. Die ganze Stadt war feierlich geschmückt. Ich konnte sie von der Klippe aus sehen. Farbige Bänder flatterten im Abendwind, Fahnen hingen fast an jedem Haus. Bunte Lichterketten schwangen sich von Laternenpfahl zu Laternenpfahl. Die Hauptstrasse war mit Blumengirlanden und glitzernden Bändern geschmückt. Auf dem Marktplatz stand eine grosse Bühne, und dahinter hing eine riesige, peruanische Flagge.
«Papa!» Er klappte das Stativ zusammen. «Wann wird denn mein Fest gefeiert?»
Vater blickte erstaunt auf. «Wir haben dein Fest doch mit der ganzen Familie gefeiert, mein Schatz!», gab er zur Antwort.
«Aber ich meine doch das dort unten. Wann wird mein Fest in der Stadt gefeiert?»
Vater lachte laut. Er konnte gar nicht mehr aufhören damit. «Das ist die ‹Fiesta Patria›[8]», japste er endlich und musste sich auf den Boden setzen. «Sie wird gefeiert, weil unser Land Geburtstag hat.»

Ich war enttäuscht. Vater wischte sich Lachtränen aus den Augen: «Das Fest findet morgen statt, am 28. Juli.»
«Dann ist Peru ja einen Tag jünger als ich!», rief ich erfreut. Wie war ich stolz!

Michael Maler

Fragen und Aufgaben zum Text
1) Wie feierst du den Nationalfeiertag? Sammelt die Nationalfeiertage aller Kinder eurer Klasse und macht einen Kalender.
2) Weshalb glaubt Martha, dass die Stadt ein Fest für sie feiert? Finde die Antwort im Text.
3) Schreibe eine Einladung für ein Geburtstagsfest. Es kann in irgendeinem Land auf der Welt oder an einem Fantasieort stattfinden. Schreibe den Ort, die Zeit und geplante Aktivitäten in die Einladung. Du kannst sie in der Sprache deiner Wahl schreiben und schön verzieren.
4) Bringt Fotos von Sonnenuntergängen in die Schule mit. Macht eine Fotoausstellung und schreibt eine Legende zu jedem Bild.

Martha König-Suarez (w)
1957 geboren, 50 Jahre alt, Peru[8]

Heisse Weihnacht *

«Kommst du dieses Jahr an die Weihnachtsparty?», fragte mich meine beste Freundin Andrea. Wir waren auf dem Heimweg nach der Schule. «Ich glaube nicht», antwortete ich. «Schon wieder nicht?», sagte Andrea leicht verärgert. «Jedes Jahr dasselbe.»
Es war Dezember, und das grosse Weihnachtsfest am Strand war Thema Nummer eins unter den Kindern. Da traf sich die ganze Stadt. Alle freuten sich darauf.
«Ich darf nicht», sagte ich leise. Andrea schüttelte den Kopf: «Du darfst nicht Weihnachten feiern?» «Doch, aber nicht am Strand. Ich darf wahrscheinlich so lange nicht mit euch feiern, bis es in Europa auch warm ist an Weihnachten», sagte ich. Andrea lachte: «Da kannst du aber noch lange warten!»

Die Temperatur in Europa hat mit Weihnachten in Peru eigentlich nichts zu tun. Ausser für meine Mutter. Sie ist in Deutschland[4] aufgewachsen und meinem Vater, einem peruanischen Arzt, in sein Land gefolgt. Zu den wichtigen Dingen, die sie aus Europa mitgebracht hatte, gehörten die deutschen Weihnachtstraditionen. Mit allem Drum und Dran. Daran hielt sie fest.
Wir waren vermutlich die einzige Familie im ganzen Land, für die der Advent eine besinnliche Zeit sein musste. Die Leute in Peru freuten sich nämlich einfach über die schönen Dezembertage und auf die Weihnachtsparty am Strand. Denn hier war schliesslich Hochsommer!
Den Advent verbrachten wir also hauptsächlich zu Hause im Kreis der Familie. Wir Kinder durften im Dezember kaum je an den Strand. Das fand ich überhaupt nicht lustig. Ich fühlte mich

ausgeschlossen. Während sich meine Freundinnen am Meer vergnügten, backten wir Weihnachtsplätzchen. Es war unerträglich schwül in der Küche. Der Schweiss lief in Bächen über mein Gesicht, wenn ich beim Kneten und Ausrollen des Teiges neben dem heissen Ofen stand. Einmal herrschte an Weihnachten sogar eine derartige Hitze, dass sich die Kerzen am Tannenbaum bogen. Zum Glück merkte es unser Vater rechtzeitig, sonst hätten die Äste Feuer gefangen.

Andrea wurde wieder ernst. «Ab morgen treffen wir uns jeden Nachmittag am Strand», sagte sie enttäuscht. «Ohne dich macht das viel weniger Spass!»
Beim Mittagessen musste ich dauernd an diese Sätze denken. Während der Siesta hielten sie mich vom Schlafen ab. Da beschloss ich, ohne Erlaubnis an den Strand zu gehen. Leise schlich ich mich aus dem Haus und ging ans Meer. Unser Badeplatz lag mitten im Schilf und war nur schwer zu finden. Dort musste ich keine Angst haben, dass mich jemand sah.
Ich traf mich nun jeden Nachmittag heimlich mit meinen Freundinnen

am Strand. Doch als ich zu Beginn der zweiten Woche heimkam und meine nassen Badesachen aufhängen wollte, stand plötzlich meine Mutter in der Zimmertür. «Wo warst du?», fragte sie. Ich erschrak. Hatte sie etwas gemerkt? Was würde jetzt mit mir passieren? Ich versuchte, meine Stimme so normal wie möglich klingen zu lassen: «Ich packe gerade meinen Schulsack für morgen.» «Und was ist das hier?», fragte sie und zeigte auf das nasse Badetuch am Boden. «Das ist … Ich meine, … Wir hatten heute Schwimmen in der Schule!» Mutter schwieg. Ich wagte kaum zu atmen.
Dann sagte sie: «Häng das Tuch auf und komm runter. Die Kokosmakronen sind bald fertig gebacken, und die Zimtsterne müssen mit Glasur bestrichen werden!»
Ich war mir nicht sicher, ob Mutter mich durchschaut hatte oder nicht. Auf jeden Fall sprach sie mich nie darauf an.
Ich ging weiterhin an den Strand, aber nicht mehr jeden Nachmittag. Kurz vor Weihnachten fragte Andrea im Scherz: «Ist es jetzt eigentlich in Europa auch warm im Winter?»
Ich antwortete ihr lachend: »Auf jeden Fall ist es ist nicht mehr ganz so kalt.»

Michael Maler

Fragen und Aufgaben zum Text
1) *Welches ist das wichtigste Fest im ganzen Jahr für dich? Was tut ihr in der Familie an diesem Fest? Spielen Musik und Essen eine Rolle? Kannst du ein Lied mitbringen, das ihr jeweils singt? Versucht in der Klasse, die Lieder zu singen.*
2) *Was hättest du an Marthas Stelle getan: Wärst du zu Hause geblieben oder trotz dem Verbot an den Strand gegangen? Hättest du versucht, deine Mutter umzustimmen? Überlege dir eine Lösung.*
3) *Wieso hat Andrea gefragt, ob es jetzt in Europa auch warm sei im Winter? Diskutiere mit einem anderen Kind darüber.*

Martha König-Suarez (w)
1957 geboren, 50 Jahre alt, Peru[8]

Das Affentheater ***

«Ihre Aufenthaltsbewilligung[19] kann leider nicht mehr verlängert werden.» Die Worte trafen mich wie ein Schlag. «Sie werden in zwei Wochen ausreisen müssen.» Herr Vogt sass mir in einem Büro der Gemeindeverwaltung gegenüber. Sein Blick ruhte hilflos und voller Mitleid auf mir.
«Aber ich will Peter nicht einfach verlassen …, … meine Tochter hat sich gerade an die Schule gewöhnt!»
Herr Vogt nahm die Brille von der Nase und kaute an einem Bügel. «Natürlich gäbe es da eine Möglichkeit …»

Ich ahnte, worauf er anspielte. «Aber zwei Wochen sind eine kurze Zeit …», fügte er hinzu.
«Heiraten», murmelte ich leise, als ich das Büro verliess. Peter und ich hatten schon darüber gesprochen, aber konkrete Pläne gab es keine.
Rrring – mein Handy klingelte. Das Display zeigte Peters Nummer an. Er war im Militärdienst.
«Hallo Schatz», sagte ich, «willst du mein Mann werden? Entweder wir heiraten in den nächsten zwei Wochen, oder ich muss ausreisen.[19]»
Am anderen Ende blieb es still, zu still. Plötzlich hörte ich im Hintergrund: «Aaachtung! Daher!» Und dann Peter: «Natürlich will ich dich heiraten. Aber nicht jetzt, ich meine, ich muss jetzt auflegen. Ich rufe zurück, sobald ich kann.» Klick – tuut, tuut, tuut – weg war er.
Auf dem Heimweg spürte ich die Blicke der Dorfbewohner. Wie immer. Sie spähten aus den Augenwinkeln und beobachteten mich hinter gezogenen Vorhängen. Ich kam mir vor wie ein Affe im Zoo.

In der nächsten Stunde erstellte ich eine Liste. Dann erledigte ich sie Punkt für Punkt.
Blitzschnell zu heiraten ist gar nicht so einfach.
1. Ringe: Telefon an Peter. – Peter im Schiessstand. – Der Umfang seines Ringfingers misst zweieinhalb Zentimeter. Das nächstgelegene Juweliergeschäft hat laut Telefonbuch nachmittags von zwei bis halb sieben Uhr geöffnet.
2. Anzug: Telefon an Peter. – Peter immer noch im Schiessstand. – Er trägt Grösse Dreiundfünfzig, seine Hose muss nach Mass anfertigt werden. Ich rief beim Herrenmode-Geschäft Kaiser an und machte mit Herrn Marchese einen Termin aus. Er kannte Peters Masse.
3. Standesamt: Telefon an Peter. – Peter am Curry Essen. – Wir einigten uns auf den 23. Juli. Am Nachmittag holte ich die Formulare auf der Gemeindeverwaltung und liess ein Paar Ringe reservieren, die mir gefielen.
4. Gäste: Telefon an Peter. – Peter beim Gewehr Reinigen. – Wir beschlossen, seine Familie auch nicht einzuladen, da meine Familie nicht so kurzfristig in die Schweiz[9] reisen konnte.

Endlich hatte ich Zeit, meiner Tochter die Heirat zu erklären.
5. Trauzeugen: Telefon an Peter. – Peter beim Schuhe Putzen.
– Wir hatten keine Ahnung. Peter schlug Herzogs vor.
Am nächsten Morgen suchte ich das Haus von Familie Herzog.
Ich kannte sie nur flüchtig, aber vielleicht würden sie uns
helfen. Herzogs wohnten in einem grossen Zelt in ihrem eigenen Garten, weil das Haus gerade renoviert wurde.
«Stossen wir an! Ich heisse Beat», sagte Herr Herzog feierlich.
«Und ich Regine. Auf eine schöne Hochzeit für das Paar und
die Trauzeugen!», fügte Frau Herzog an. «Martha. Prost!» Ich
nahm einen erleichterten Schluck und blinzelte in die Sonne.
Die Welt schien mir gerade sehr in Ordnung.
«Ich fasse es nicht, hier auch! Siehst du die Nachbarn dort
hinter den Vorhängen?», fragte ich Beat. «Manchmal komme
ich mir vor wie ein Affe im Zoo!» Regine zog die Stirn in Falten
und musterte mich: «Ein Affe … Wir haben zwar ein Zelt,
aber noch keine Tiere, da könnten wir …» Beat unterbrach
sie und rief schallend: «Treten Sie ein, meine Damen und
Herren! Für nur zehn Franken präsentiert ihnen der Zirkus
Herzog die Sensation: Martha Suarez! Der sprechende
Menschenaffe aus Peru!» Wir brachen in Gelächter aus.

Am 23. Juli bezeugten Beat und Regine Herzog unsere Vermählung. Danach feierten wir im Zelt. Es regnete in Strömen,
aber das störte niemanden.

Michael Maler

Fragen und Aufgaben zum Text
1) Schreibe eine Liste aller Aktivitäten, die Martha vor der Hochzeit erledigen muss.
2) Warst du auch schon an einer Hochzeit? Erzähle einem andern Kind vom Hochzeitsfest.
3) Lasse dir die Geschichte von der Lehrperson kopieren. Schneide die Geschichte anschliessend in Stücke. Gib sie einem anderen Kind, das herausfinden muss, wie die Teile zusammengehören.

Francisco Rodriquez (m)
1952 geboren, 55 Jahre alt, Spanien

Fischen verboten! *

Der Sommer war die schönste Jahreszeit für mich als Kind. Ich verbrachte fast jeden Tag mit meinen Freunden Juan, Carlos und Pedro. Wir fischten im kleinen Fluss ausserhalb des Dorfes. Zwischen dem Flussufer und dem erhöhten Pfad gab es an manchen Stellen grosse, dichte Büsche. Dort befand sich unser geheimes Lager für die Eimer und Angelruten, den Grillrost und die Zeitungen. Denn wenn der Dorfpolizist den Uferpfad abschritt, mussten wir unsere Gerätschaften schnell verstecken. Es war nämlich verboten, ohne Lizenz zu fischen. Wer erwischt wurde, erhielt eine Busse. Vielleicht wurde man sogar ins Gefängnis gesteckt. Das wusste ich nicht so genau, ich war damals erst zehn Jahre alt.
Eines Tages waren unsere Angelruten weg. «Vielleicht hat sie der Polizist gefunden und lauert uns jetzt auf», meinte Juan ängstlich. «Jemand von uns muss auf dem Pfad Wache stehen!», ordnete Carlos an. Juan stieg widerwillig das steile Ufer hoch.
In einem Eimer fanden wir zum Glück noch etwas Schnur und Korken mit Haken. Carlos machte sich auf die Suche nach ein paar Ästen für neue Angeln und verschwand zwischen den Büschen. Als er zurückkam, schnitt er gleich lange Stücke Schnur ab. Die band er an die Ruten. Er nahm die Korken mit den Haken und befestigte sie an den Schnüren. Zum Schluss spiesste er einen Wurm an einen Haken. Dann warf er seine Angel aus und wartete.
Pedro und ich hatten inzwischen Feuer gemacht. Denn unter den Steinen im flachen Wasser hatten wir Krebse gefunden. Pedro legte sie auf den Grillrost und sagte: «Wie die lustig knacken! Und rot werden sie auch schon!» Vorsichtig schälten

wir die heissen Krebse und genossen den ersten Bissen. Da kam Juan zum Ufer gerannt: «Schnell, wir müssen verschwinden. Der Polizist kommt!»
Wir liessen alles fallen und liefen durch die Büsche davon. Wir rannten und rannten. «Ich kann nicht mehr!», rief ich. Carlos zeigte auf einen dichten Busch und verschwand darin. Schnell krochen Juan und ich ihm nach. Wir keuchten und schnauften. «Wo ist Pedro?», fragte ich. «Still!», flüsterte Carlos. Wir spitzten die Ohren. Nichts war zu hören. Und wo wohl der Dorfpolizist war, fragte ich mich.
Wir warteten eine Weile in unserem Versteck, aber niemand kam. «Lasst uns nachsehen», meinte Carlos schliesslich.

Wir schlichen zurück. Unterwegs trafen wir Pedro mit den Angelruten im Arm. Er hatte sie in Sicherheit gebracht. Auch er hatte niemanden gesehen. Als wir beim Lagerplatz ankamen, war alles ruhig. Die verkohlten Krebse lagen noch auf dem Rost. Das Feuer war ausgegangen.
«Bist du sicher, dass du den Dorfpolizisten gesehen hast?», fragte ich Juan. «Ja, der Mann hatte einen dicken Bauch und trug einen Hut», meinte er. «Das könnte aber auch ein Bauer gewesen sein», stellte Carlos fest. «Ich glaube, er trug kurze Hosen», sagte Juan. «Hast du schon einmal einen Polizisten in kurzen Hosen gesehen?», meinte Carlos sauer. Juans Ohren wurden krebsrot. Wir anderen wussten nicht, ob wir lachen oder uns ärgern sollten.

Jarmila Kolman, Beatrix Verbeek

Fragen und Aufgaben zum Text
1) Ist es in der Schweiz auch verboten, ohne Lizenz zu fischen? Was könnte der Grund sein für ein solches Verbot?
2) Wie kann man eine Angelrute selber basteln? Schaue die einzelnen Arbeitsschritte im Text nach und notiere sie. Hast du Lust, eine Angel selber herzustellen?
3) Ganz am Schluss wissen Francesco, Carlos und Pedro nicht, ob sie über Juan lachen oder sich über ihn ärgern sollen. Hast du beim Lesen der Geschichte gelacht? Suche im Text nach Stellen, die du lustig findest, und notiere sie. Das wird dir dabei helfen, selber eine lustige Geschichte zu schreiben. Versuche es, wenn du Lust hast.
4) Juan warnt seine Freunde vor dem Dorfpolizisten. Wie reagieren die Jungen? Wie hättest du reagiert? Schreibt zu dritt einen anderen Schluss für die Geschichte und lest ihn anschliessend in der Klasse vor.

Francisco Rodriquez (m)
1952 geboren, 55 Jahre alt, Spanien

Die Reise ins reiche Land *

Ich war vierzehn Jahre alt, als ich in die Schweiz[9] kam. Mein Vater arbeitete damals bereits seit fünf Jahren im Ausland.[19] Er verdiente dort viel mehr Geld, als man in unserem Dorf verdienen konnte. Meine Mutter war zwei Jahre zuvor zu ihm gezogen. Vater hatte auch für sie eine Stelle gefunden. Seither lebten mein Bruder und ich bei den Grosseltern.
Als ich erfuhr, dass Vater meinen Bruder und mich in die Schweiz holen wollte[19], wurde ich wütend. Sie hatten uns bei den Grosseltern zurückgelassen. Alle unsere Freunde lebten hier. Spanien war unsere Heimat. Ich wollte nicht in die Schweiz.
Anfang Dezember kam Vater nach fast zweitägiger Reise in unserem Heimatdorf an. Trotz meiner Wut freute ich mich, ihn wiederzusehen. Er besuchte Freunde und Verwandte und brachte ihnen Geschenke mit. Sein Ansehen wuchs. Das machte mich stolz.
Als wir uns von den Grosseltern verabschieden mussten, waren mein Bruder und ich sehr traurig. Vater tröstete uns: «In den Sommerferien werdet ihr sie schon wieder sehen.»
Ein Taxi brachte uns zum Bahnhof in der Provinzhauptstadt. Ich war überrascht, dass Vater sich das leisten konnte. Unser Zug stand schon da. Eilig liefen wir die vielen Wagen entlang. Es gab auch ein Zugrestaurant. «Vater, essen wir hier?», fragte ich. «Nein, Francisco, Grossmutter hat uns Schinken, selbst gemachtes Brot und Früchte mitgegeben. Ausserdem habe ich Plätze für uns reserviert.» Reiseproviant essen, wie langweilig! Und ich hatte geglaubt, Vater sei ein reicher Mann.
Mitten in der Nacht schreckte ich aus dem Schlaf. Ich hörte laute Stimmen und sah Schatten auf dem Gang. «Passeports,

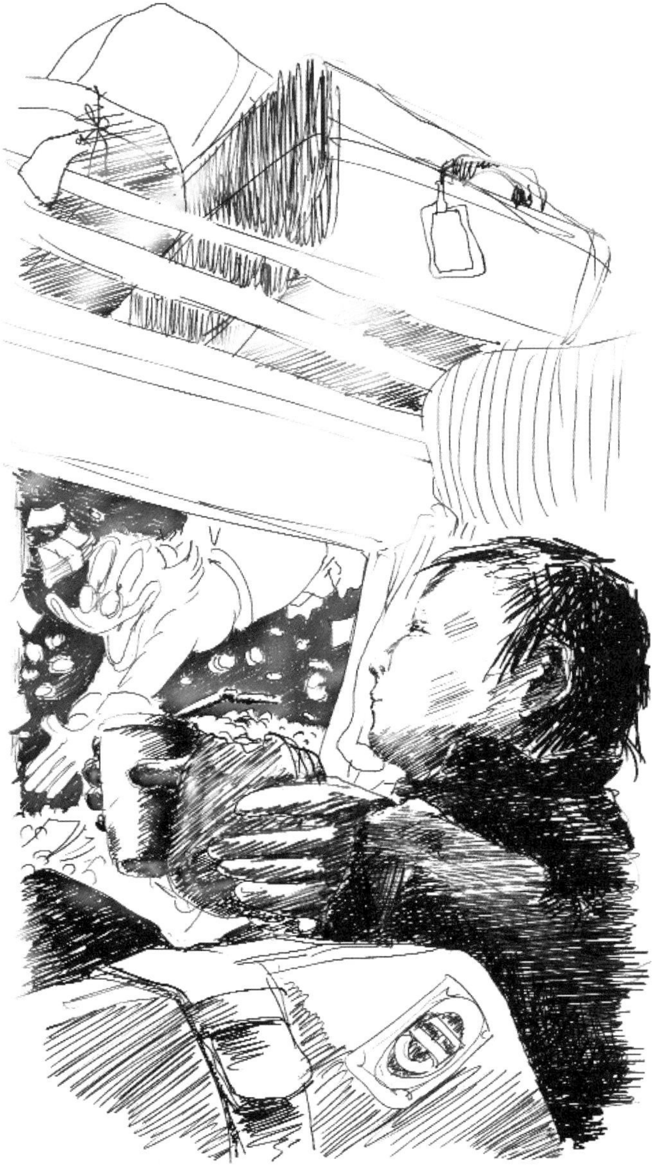

s'il vous plaît!» Ein uniformierter Mann streckte den Kopf in unser Abteil. Vater kramte die Pässe hervor, reichte sie dem Mann und schlief gleich weiter. Wir mussten schon weit weg sein von Zuhause.

Ich wurde traurig. Meine Freunde durften in Spanien bleiben, und ich musste weg. Warum gingen alle in die Schweiz? Nur wegen des Geldes! Vater hatte gesagt, es gebe dort Banken, die mehr Geld als Dagobert Duck besässen.

In Genf mussten wir umsteigen. Das war also die Schweiz. Sie sah gar nicht so luxuriös aus. «Francisco, siehst du den Kiosk dort? Hol mir bitte ein Päckchen ‹Parisienne super›.» Ich drehte den Einfränkler hin und her, den mir Vater gegeben hatte. Der sah viel edler aus als die spanischen Peseten[11]. Am Kiosk nahm ich allen Mut zusammen und sagte zur Verkäuferin: «Parisienne super». Sie lächelte und reichte mir die Zigaretten. Vielleicht war alles viel einfacher, als ich befürchtet hatte? Ich rannte zurück. «Hier, Papa. Ich habe das Päckchen gekriegt. Dabei kann ich nicht einmal die Sprache!» «Weisst du, Francisco, wenn man in der Schweiz Geld hat, ist die Sprache unwichtig.»

Jarmila Kolman, Beatrix Verbeek

Fragen und Aufgaben zum Text
1) Könntest du dir vorstellen, bei deinen Grosseltern oder bei anderen Verwandten zu leben, während deine Eltern im Ausland arbeiten? Wie wäre das?
2) Schlagt zu zweit im Atlas eine Karte von (West-)Europa auf und sucht die Zugstrecke vom spanischen San Sebastian nach Genf (französisch: Genève). Wo führt die Reise durch? Wie viele Kilometer beträgt die Strecke etwa?
3) Suche im Text nach Gründen, warum Francisco nicht im Speisewagen essen durfte.
4) Schreibe eine Liste mit gesundem Proviant für eine lange Reise.
5) Francisco glaubt, die Schweiz sei ein reiches Land. Stimmt das? Diskutiert in der Klasse darüber.

Francisco Rodriquez (m)
1952 geboren, 55 Jahre alt, Spanien

Sprachschmerzen *

An meinem ersten Schultag in der Schweiz[9] sass ich allein ganz hinten im Klassenzimmer und starrte die Lehrerin an. Was sagte sie? Ich konnte aus ihrem Wörterwirrwarr nur «Spanien» heraushören. Mitschüler drehten sich um und musterten mich. Dann kam die Lehrerin zu mir und legte ein Heft auf mein Pult. Sie redete auf mich ein. Ich verstand kein Wort. Dabei hatte mir Vater versichert, dass ich die Sprache schnell lernen würde. Jetzt bezweifelte ich das sehr.
Gegen Ende der Stunde wandte sich die Lehrerin wieder an mich. Sie zeigte auf Schüler und sagte: «Jürg, Fritz, Hans, …» Das kapierte ich und sagte laut: «Francisco!» Sie versuchte, meinen Namen nachzusprechen, aber es klang ziemlich komisch. Deshalb wiederholte ich die richtige Aussprache. Die Schüler kicherten. Später erfuhr ich, dass das spanische ‹ci› in meinem Namen für deutsche Ohren wie Lispeln tönt.
Nach ein paar Wochen verstand ich bereits einfache Sätze. Reden konnte ich erstaunlicherweise besser als verstehen. Nur verstanden mich die anderen schlecht, denn ich hatte einen kräftigen Akzent. Meine Mitschüler spotteten oft: «Du wirst nie richtig Deutsch sprechen können!»

Eines Tages kam Fritz in der Pause auf mich zu. Es machte ihm Spass, mich zu quälen. Einmal hatte er mich sogar in eine Mülltonne gesteckt. «Hallo Spanioggel», sagte er. «Wie heisst du schon wieder? Deinen Namen kann sich leider keiner merken. – Egal, für mich heisst du Spanioggel.» Er wiederholte lachend: «Spanioggel – das klingt wie ein Name für einen Dackel!»
Mein Gesicht brannte. Ich hob die Faust und schlug zu. Doch Fritz wich aus, streckte mir die Zunge heraus und rannte

davon. «Wenn ich dich erwische, …», rief ich und raste hinter ihm her. Wir stürmten durch eine Gruppe Mädchen. Eines stürzte zu Boden und begann zu schreien. Die Verfolgungsjagd ging um das ganze Schulhaus. Viele Schüler feuerten uns an und riefen unsere Namen. Aber es gelang mir nicht, Fritz zu fassen.
«Was soll das?» Unsere Lehrerin war auf dem Pausenplatz erschienen. Sie packte mich am Ohr: «Francisco, was ist hier los?»

«Er hat gesagt, ich heisse wie ein Hund!», antwortete ich.
«Fritz, komm her! Stimmt das?», fragte sie.
«Ich habe nur Spanioggel gesagt!», verteidigte sich Fritz mit Unschuldsmiene.
«Fritz, du entschuldigst dich jetzt bei Francisco. Und zur Strafe wirst du nächsten Mittwoch dem Abwart helfen, die Mülltonnen auf die Strasse zu stellen», befahl sie.
Fritz blickte zu Boden und sagte knapp: «Entschuldigung».
Man sah ihm an, dass er es nicht ernst meinte. Aber ich war der Lehrerin dankbar, dass sie ihn bestrafte. So musste ich ihn nicht schlagen. Mir war mein schmerzendes Ohr Strafe genug.

Jarmila Kolman, Beatrix Verbeek

Fragen und Aufgaben zum Text
1) *Warum lachten die Kinder Francisco aus? Was tust du, wenn du von andern Kindern ausgelacht wirst? Sammelt in kleinen Gruppen Möglichkeiten, wie ihr reagiert und wie man reagieren könnte. Schreibt sie anschliessend auf ein grosses Blatt und diskutiert in der Klasse darüber.*
2) *Was könnt ihr unternehmen, damit sich ein neu zugezogenes, fremdsprachiges Kind in eurer Klasse wohlfühlt?*
3) *Weshalb bestrafte die Lehrerin nur Fritz? Hätte Francisco nicht auch eine Strafe verdient? Macht ein Rollenspiel, in dem ihr andere Möglichkeiten ausprobiert.*

Evin Kajmer (w)
1966 geboren, 41 Jahre alt, Türkei[14]

Eingeschneit *

Ich heisse Evin und bin Kurdin[14]. Meine Kindheit verbrachte ich im Osten der Türkei. Ich besuchte die Schule im Nachbardorf. Dort wurden die Kinder aus unserem alevitischen[17] und zwei sunnitischen[17] Dörfern unterrichtet. Damals gab es noch keine öffentlichen Verkehrsmittel, und niemand besass ein Fahrrad.

Eines Morgens, als ich neun Jahre alt war, schneite es. Ich musste zur Schule. Der lange Schulweg war an diesem Tag besonders anstrengend für meine beste Freundin Besna und mich.
Es schneite immer heftiger. Durch die Schulzimmerfenster sahen wir den Schnee mit lautem Getöse von den Dächern rutschen. Unser Lehrer blickte unruhig hinaus. Plötzlich verliess er das Zimmer. Als Herr Özgür zurückkam, verkündete er: «Wegen der schlechten und gefährlichen Wetterverhältnisse übernachten heute alle Schülerinnen und Schüler im Schulhaus.»
Nach dem Unterricht gingen wir nach draussen und tollten im Schnee herum. Später brachten uns Frauen aus dem Dorf das Abendessen. Wir waren sehr hungrig. Rasch leerten sich unsere Teller. Wir winkten. Eine Frau kam und schöpfte nach: «Na, schmeckt euch das Kaninchen?» «Kaninchen!», rief ich entsetzt. Ich betrachtete die Fleischstückchen, die von einer fein duftenden Sauce überzogen waren. «Besna, wir haben etwas Verbotenes getan! Was wird jetzt mit uns geschehen?» «Ich weiss es nicht», antwortete sie. «Mir ist übel.»
In dieser Nacht kriegten Besna und ich fast kein Auge zu. Wir waren froh, als endlich der Morgen anbrach. Es hatte aufgehört zu schneien. Die Schneedecke schmolz rasch zusammen. Zu Beginn der Stunde sagte uns Herr Özgür, dass wir heute wieder nach Hause gehen könnten.

Nach der Schule trottete ich bedrückt heimwärts. Soll ich meinem Vater gestehen, was ich gestern getan habe? Es hat mir sogar noch gut geschmeckt, dachte ich. Oder ist es besser zu schweigen?
Meine Eltern warteten vor dem Haus auf mich. Ich liess mich in ihre Arme fallen und gestand meine Tat unter Tränen. Seltsamerweise lächelten beide immer noch herzlich. «Evin, meine Liebe», sagte Vater, «wir Aleviten essen aus religiösen Gründen kein Kaninchen. Wie die Sunniten kein Schweinefleisch essen.

Wenn wir jedoch bei einem Sunniten zu Gast sind und er uns Kaninchenfleisch anbietet, dürfen wir es essen. Und zu deiner Beruhigung: An einem Kaninchen ist noch niemand gestorben!»
Wie war ich da erleichtert! Und insgeheim wünschte ich mir, dass mir wieder einmal so köstliches Kaninchenfleisch angeboten würde.

Thomas Brunner, Mirjam Fluri, Julia Zimmermann

Fragen und Aufgaben zum Text
1) Wie sieht dein Schulweg aus? Beschreibe ihn. Versuche herauszufinden, wie viele Kilometer dein Schulweg beträgt. Wer hat den längsten Schulweg in der Klasse?
2) Welche Sprache spricht Evin wohl? Kennt ihr Kinder, die diese Sprache sprechen? Was bedeutet ‹Schnee› in dieser Sprache? Macht eine Liste mit Bezeichnungen für ‹Schnee› in unterschiedlichen Sprachen.
3) Verschiedene Religionen kennen Essensgebote und Fastenzeiten. Hält sich jemand in der Klasse an solche Vorschriften? An welche? Berichtet den anderen darüber. Wo könnt ihr Informationen über Essensgebote in den unterschiedlichen Religionen finden?

Evin Kajmer (w)
1966 geboren, 41 Jahre alt, Türkei[14]

Besuch vom Schulinspektor **

Meine Muttersprache ist Kurdisch[14]. In der Schule musste ich Türkisch lernen. Denn der türkische Staat duldete die kurdische Sprache nicht. Trotzdem ging ich sehr gern zur Schule. Damals waren bei uns fünf Schuljahre obligatorisch. Die sechzig Kinder der ersten bis fünften Klasse sassen alle im selben Schulzimmer.

Heute war ein besonderer Tag. Kurz nach Unterrichtsbeginn flog die Zimmertür auf. Ein grosser, breitschultriger Mann mit strengem Blick trat ins Zimmer.
Herr Özgür, unser Lehrer, wurde bleich. Er war klein und hatte einen grossen Bauch, fast so rund wie der Luftballon, den ich zum Geburtstag gekriegt hatte. Die helle Gesichtsfarbe stand ihm gut, fand ich. Herr Özgür stellte uns den Mann als Schulinspektor aus Ankara[14] vor.
Zweimal im Jahr überprüfte so ein Schulinspektor, wie viel wir gelernt hatten und ob wir in der Schule auch wirklich kein Kurdisch sprachen. Dieser Inspektor stellte sich vor uns hin und nahm ein hölzernes Stöckchen aus der Tasche. Damit zeigte er willkürlich auf ein Kind, das seine Fragen beantworten musste.
Lange ging alles gut. Doch bei der nächsten Frage stockte mir der Atem. Das Stöckchen zeigte in meine Richtung. Aber nein, es zielte nicht auf mich. Der Schulinspektor wollte die Antwort von Hasan hören. Der kleine, schüchterne Erstklässler kam aus meinem Dorf. Ich beobachtete ihn aus den Augenwinkeln. Auf seiner Stirne glänzte Schweiss. Es war gefährlich still.
Doch plötzlich brach Unruhe aus. Ein dunkler Fleck auf Hasans Hose wurde grösser und grösser.

Der Schulinspektor wandte sich an Herrn Özgür und beklagte sich über die Unruhe. Ich nutzte die Gelegenheit und raunte Hasan die Antwort zu. Als der Schulinspektor Hasan erneut fragte, gab ihm der Erstklässler die richtige Antwort.
Aber der Inspektor hörte ihm gar nicht zu, sondern trat vor ihn hin. Er befahl ihm aufzustehen. Hasans Hose tropfte. Auf dem Boden hatte sich eine Pfütze gebildet. «Was soll denn das? Geh nach Hause und zieh dich um!», empörte sich der Herr aus Ankara. Und schon zeigte sein Stöckchen auf das nächste Kind.
Die Fragerei ging weiter, bis die Schule aus war. Dann machten wir uns auf den Heimweg.
Ich fragte mich, ob Hasan wirklich nach Hause gegangen war oder ob er sich aus Scham irgendwo versteckte. Da hörte ich laute Stimmen bei der Schule. Aus Sorge um Hasan machte ich

kehrt, blieb aber im Schutz der Sträucher, die den Weg säumten. Ich erkannte Hasans Eltern. Sie schrien auf Herrn Özgür ein. Dann hetzten sie ihren Hund auf den Lehrer. Herr Özgür rannte los. Bevor der Hund den Lehrer am Bein zu fassen kriegte, sprang Herr Özgür kopfüber in ein Gebüsch. Der Hund stellte sich davor und fletschte die Zähne. Ich hielt mir beide Hände vors Gesicht. Kurz darauf hörte ich böses Knurren.
Ich musste etwas tun. Sofort. Ich packte meine Schultasche mit beiden Händen und rannte los. Ich schlug dem Hund die Tasche mit aller Kraft auf den Kopf. Er heulte auf und rannte fort. Dann half ich Herrn Özgür aus dem stacheligen Gebüsch. Jetzt war er noch bleicher als zuvor. Sein ganzer Körper war mit Stacheln gespickt. Auch in seiner Nase steckten welche, was ihn komisch aussehen liess. Er zog einen Stachel nach dem anderen heraus. Diejenigen im Rücken entfernte ich.
Diese Geschichte sprach sich in den Dörfern rasch herum. Hasans Familie beschuldigte mich, ihren Hund grundlos geschlagen zu haben. Den Lehrer schalten sie unfähig und feige.
Die meisten Dorfbewohner waren jedoch anderer Meinung. Hasans Familie verlor dadurch viel Ansehen.

Thomas Brunner, Mirjam Fluri, Julia Zimmermann

Fragen und Aufgaben zum Text
1) Wir sollten in der Schule Hochdeutsch reden, nicht schweizerdeutsche Mundart. Warum? Evin musste in der Schule Türkisch anstatt Kurdisch sprechen. Gibt es einen Unterschied bei der Begründung? Diskutiert gemeinsam in der Klasse darüber.
2) Warum hetzten Hasans Eltern ihren Hund auf den Lehrer? Könnte dies deiner Lehrperson auch passieren? Ist das gerecht? Bildet euch in kleinen Gruppen eine Meinung.

Evin Kajmer (w)
1966 geboren, 41 Jahre alt, Türkei[14]

Das Missverständnis ***

In der Türkei konnte ich als Kurdin[14] nicht selbst über mein Leben entscheiden. Deshalb wollte ich an einen anderen Ort, wo ich mich frei und sicher fühlen konnte.
Mein älterer Bruder Badak half mir, in die Schweiz[9] zu kommen. Ich durfte bei ihm wohnen. Badak lebte schon sechs Jahre hier und konnte sich recht gut auf Deutsch verständigen.
Vieles war mir am Anfang fremd. Dennoch war ich sicher, dass die Schweiz mein neues Zuhause werden würde.

Ich wollte arbeiten.[19] Badak lehrte mich zwei deutsche Sätze, die mir bei der Stellensuche helfen sollten: «Ich heisse Evin. Haben Sie Arbeit für mich?» Mein Bruder empfahl mir, in der Altstadt zu suchen. Also klapperte ich die grossen Restaurants in der Fussgängerzone und die kleinen dunklen Kneipen in den Seitengassen ab: «Ich heisse Evin. Haben Sie Arbeit für mich?» Ohne Erfolg.
Inzwischen war mehr als eine Woche vergangen und ich hatte noch immer keine Stelle. Am liebsten hätte ich aufgegeben. Aber ich wollte auf eigenen Beinen stehen.
Jetzt suchte ich auch in den Aussenquartieren. Eine Pizzeria in einer engen Seitengasse hinter dem Bahnhof hatte ich fast übersehen. Sie war klein, aber einladend und gemütlich. Hinter der Kasse sass ein Mann. Ich lächelte freundlich und sagte schüchtern meine zwei Sätze. Er blickte auf, schien einen Augenblick nachzudenken und erwiderte: «Ich heisse Giovanni.» Er fügte noch etwas hinzu, das ich aber nicht verstand. Daraufhin führte er mich in die Küche und wies auf die verklebten Teigschüsseln. Um ihm zu zeigen, dass ich bereit war, gleich mit der Arbeit zu beginnen, nahm ich eine Teigschüssel

und wollte sie abwaschen. Giovanni wehrte ab. Er gab mir zu verstehen, dass ich ihm wieder in die Gaststube folgen sollte. Er schrieb etwas auf ein Visitenkärtchen. Ich verstand es nicht, steckte das Kärtchen aber ein. Zum Abschied gab mir Giovanni die Hand und sagte «Sus». Ich zögerte einen Moment und ging dann stillschweigend zur Tür hinaus. Ich war verwirrt.
Auf dem Heimweg wurde ich sehr nachdenklich. Warum hatte ich die Türkei nur verlassen? Dort war mir alles vertraut. Auch wenn ich als Alevitin[17] und Kurdin in doppelter Hinsicht anders war als die Mehrheit in der Türkei. In der Schweiz fühlte ich

mich zwar viel sicherer und freier als in meiner Heimat. Aber ich verstand die Menschen nicht. Giovanni schien am Anfang so freundlich, aber zum Abschied dann: «Sus». Wie sollte ich das verstehen? Ich war niedergeschlagen.
«Kopf hoch, Schwester», sagte Badak, «morgen ist auch noch ein Tag. Du wirst bestimmt eine Arbeit finden.» Ich gab ihm das Visitenkärtchen. Er las, was darauf stand, und staunte: «Gratulation! Ab morgen kannst du eine Woche zur Probe arbeiten. Wenn sie zufrieden sind, stellen sie dich an.»
Doch ich konnte mich nicht recht freuen. Das verstand mein Bruder überhaupt nicht. Also erklärte ich: «Giovanni schien erst so nett. Aber dann sagte er mir zum Abschied ‹Sus›.» Badak lachte: «Er hat bestimmt nicht ‹Sus› gesagt, Schwesterchen, sondern ‹Tschüss›. Das sagen die Leute hier zum Abschied.» Da musste ich auch lachen, denn auf Türkisch ist ‹Sus› ein Schimpfwort und bedeutet: ‹Halt den Mund!›

Thomas Brunner, Mirjam Fluri, Julia Zimmermann

Fragen und Aufgaben zum Text
1) Warst du auch schon in einem Land, in dem du die Sprache nicht verstanden hast? Wie hast du dich da gefühlt? Gab es Missverständnisse? Erzähle einem anderen Kind davon.
2) Die Wörter ‹sus› und ‹tschüss› klingen fast gleich, haben aber unterschiedliche Bedeutungen in verschiedenen Sprachen. Kennt ihr auch solche Wortpaare? Sammelt sie gemeinsam in der Klasse.
3) Wenn wir uns verabschieden, sagen wir ‹tschüss› oder ‹auf Wiedersehen›, aber auch ‹see you› und ‹ciao›. Macht in kleinen Gruppen eine Liste mit unterschiedlichen Abschiedsformeln in verschiedenen Sprachen.
4) «Wir haben uns gut verstanden», sagen wir manchmal. Wir meinen damit mehr, als dass wir verstanden haben, was der andere gesagt hat. Überlege, was mit dieser Redewendung gemeint ist.

Maria Theresa Kaufmann-Lopez (w)
1960 geboren, 47 Jahre alt, Chile[2]

Das blaue Fahrrad *

Es war nicht einfach, das zweitjüngste von sechs Kindern zu sein. In den Sommerferien, bevor ich in die Schule kam, war es besonders schlimm. Meine Geschwister kommandierten mich dauernd herum. Vor dem Frühstück musste ich den Tisch decken und für alle Tee kochen. Und nach dem Frühstück half ich Mutter beim Aufräumen, während meine Geschwister im Garten spielten. Das fand ich sehr ungerecht.
Danach fuhren uns die Eltern an den Strand. Wir Kinder verbrachten den ganzen Tag mit Schwimmen und Spielen. Mir machte es aber keinen Spass. Ich durfte noch nicht allein ins Meer, und nie spielte mir jemand den Fussball zu. Ich war eben nur die Kleine, mit der man nichts anfangen konnte.

Eines Nachmittags am Strand gab sich wieder niemand mit mir ab. Da beschloss ich, allein heimzugehen. Ich packte meine Sachen in den Rucksack. Sicher würde niemand bemerken, dass ich nicht mehr da war, dachte ich, und ging los.
Als ich das Dorf endlich erreicht hatte, war ich sehr müde, aber stolz: Ich hatte den weiten Weg ganz allein geschafft! Für das letzte Stück nahm ich mir mehr Zeit.
In einem Schaufenster entdeckte ich ein blaues Fahrrad. Es glänzte und hatte eine silberne Glocke an der Lenkstange. An den Speichen der Räder funkelten orange Katzenaugen, und auf dem Rahmen stand in silberner Schrift «Hercules». Ich stand lange vor dem Schaufenster und bewunderte das schöne Rad. Schliesslich riss ich mich los und ging weiter. Ich kam an einem kleinen Markt vorbei. Dort gab es einen Eisstand. Ich hätte mir gerne ein Eis gekauft, aber ich hatte kein Geld. Beim Weitergehen fiel mir das blaue Fahrrad wieder ein. In Gedanken sah ich

mich damit durchs Dorf fahren: Ich klingelte mit der silbernen Glocke, und alle drehten sich nach mir um. Meine Geschwister bewunderten mein Rad, und alle Kinder wollten eine Runde drehen damit.
Lautes Autohupen riss mich aus meinen Träumen.
An das, was danach geschah, kann ich mich nicht erinnern.

Als ich wieder zu mir kam, lag ich in meinem Bett. Mein Kopf schmerzte. Mein Gesicht brannte, und mein Bein war verbunden. Ich rief nach meiner Mutter. Sie kam in mein Zimmer und fragte: «Wie fühlst du dich, mein Schatz? Hast du Schmerzen?» Verwirrt schaute ich sie an: «Was ist passiert?» Sie sagte: «Ein Auto hat dich angefahren. Du hast eine kleine Gehirnerschütterung, ein paar Prellungen und Schürfwunden am Bein. Glücklicherweise ist nichts Schlimmeres passiert! Wir haben uns grosse Sorgen um dich gemacht. Die Autofahrerin sagte, du seist einfach auf die Strasse gelaufen. Sie ist furchtbar

erschrocken und hat sich um dich gekümmert. Was war denn los mit dir heute?» Da erzählte ich ihr, dass mir langweilig gewesen war am Strand, wie ich zurück ins Dorf ging und mein Traumfahrrad entdeckte.
Am nächsten Morgen frühstückte ich im Bett. Alle kümmerten sich um mich. Meine Schwestern lasen mir abwechselnd Geschichten vor, und meine Brüder spielten Karten mit mir. Ich wurde rasch gesund. Sobald ich aufstehen konnte, musste ich Mutter wieder im Haushalt helfen.

Am Abend vor dem ersten Schultag sass die ganze Familie draussen im Garten und trank Tee. Da sagte Mutter: «Maria, geh bitte in die Garage und bring mir den Korb mit dem Gartenwerkzeug!» Ich hatte keine Lust. Wozu braucht sie um diese Zeit Gartenwerkzeug? Missmutig trottete ich ums Haus und öffnete das Garagentor. Ich traute meinen Augen nicht: Drinnen stand das blaue Fahrrad aus dem Schaufenster. Hinter mir klatschten und jubelten meine Eltern und Geschwister. Sie waren mir in die Garage gefolgt und wünschten mir alles Gute für den ersten Schultag.

Ich liebte dieses Fahrrad. Jeden Tag fuhr ich damit zur Schule und an den Strand. Alle bewunderten das Rad und beneideten mich darum. Jetzt gehörte ich auch zu den Grossen.

Melanie Baschung, Bettina Schulz

Fragen und Aufgaben zum Text
1) *Hast du Geschwister? Bist du das jüngste, das älteste, das einzige oder ein mittleres Kind? Was würde dir gut gefallen?*
2) *Wie sind bei dir zu Hause die Aufgaben verteilt? Wer macht was? Was sind deine Aufgaben im Haushalt? Schreibe eine Liste und vergleiche sie mit der Liste eines anderen Kindes.*
3) *Ging auch schon einmal einer deiner Wünsche unerwartet in Erfüllung? Kannst du der Klasse erzählen, wie das passiert ist?*

Maria Theresa Kaufmann-Lopez (w)
1960 geboren, 47 Jahre alt, Chile[2]

Das lachende Gesicht **

Mit zwanzig Jahren schloss ich meine Schulzeit mit der Matur ab. Ich freute mich auf die Ferien: Ich durfte in die Schweiz[9] fliegen und drei Monate bei meiner Schwester Anna verbringen.[18] Meine Aufregung war gross, denn ich war noch nie so lange weg gewesen.
Der Flug dauerte mehr als fünfzehn Stunden. Ich kannte niemanden und getraute mich nicht, mit jemandem zu sprechen. Als ich endlich wieder festen Boden unter den Füssen hatte, war ich müde und sehr erleichtert.
Der Flughafen schien mir ein grosses Durcheinander zu sein. Am besten folgte ich einfach den anderen Passagieren. Zuerst holten wir unser Gepäck ab. Dann mussten wir durch den Zoll. Plötzlich hörte ich meinen Namen. Ich drehte mich um und sah meine Schwester winken. Sie stand hinter einer Absperrung. Ich lief zu ihr hin und umarmte sie. Bald waren wir draussen.
Anna wohnte mitten in der Stadt. Zu Hause erwarteten mich ihr Mann, ihr kleiner Sohn und sogar ihre Schwiegereltern. Die waren sehr nett. Ich durfte sie «Daddy» und «Mami» nennen. Doch nach einem Monat in der Schweiz hatte ich ausser Annas Familie noch niemanden kennengelernt. Das Heimweh plagte mich, und ich vermisste meine Freunde.
Da entdeckte ich in der Zeitung eine Anzeige: «Deutsch lernen in vier Wochen». Schon am nächsten Tag meldete ich mich an. In diesem Deutschkurs lernte ich meine Freundin Nathalia kennen. Sie sprach auch spanisch. Wir sassen im Unterricht nebeneinander. Eines Tages erzählte mir Nathalia, dass sie mit Freunden in die Berge fahren werde. Sie fragte: «Willst du mitkommen? Wir haben genug Platz im Ferienhaus!»

Ich fuhr mit. Nathalias Freundinnen und Freunde waren alle sehr nett. Wir gingen wandern. Abends kochten und assen wir zusammen. Die Woche in den Bergen war viel zu rasch vorbei. Auf der Heimreise im Zug setzte sich einer der Freunde, Markus, zu mir. Er sagte etwas, aber ich verstand ihn nicht. Da holte er ein Stück Papier und einen Stift hervor. Er zeichnete ein lachendes Gesicht und schaute mich an. Ich nahm ihm den Stift aus der Hand und malte auch ein lachendes Gesicht.
Als ich abends im Bett lag, konnte ich nicht einschlafen. Ich dachte an Markus.

Am nächsten Tag im Deutschkurs fragte ich Nathalia, ob sie Markus oft sehe. Sie antwortete: «Ab und zu. Er ist dir sympathisch, nicht wahr?» Dann verabredeten wir uns am Nachmittag.

Ich wartete schon eine Weile am Treffpunkt. Plötzlich spürte ich eine Hand auf meiner Schulter. Ich drehte mich um und blickte in grosse, braune Augen. Es war Markus. Er sprach mit mir. Ich verstand wenig. Aber ich nickte ständig. Mir wurde heiss. Ich wusste nicht, was los war. Wir sassen in einem Café, bis es dunkel wurde. Obwohl wir uns wieder nur mit Zeichnungen verständigen konnten, war es sehr schön. Wir lachten viel. Dass Nathalia Markus geschickt hatte, weil sie selbst nicht kommen konnte, erfuhr ich erst später.

Von da an traf ich Markus fast jeden Tag. Er half mir beim Deutsch Lernen, und wir konnten uns bald besser unterhalten. Ich hatte immer seltener Heimweh. Ich vermisste zwar meine Familie und meine Freundinnen in Chile, aber hier in der Schweiz hatte ich neue Freunde gefunden! Wollte ich in der Schweiz bleiben? Ich musste mich entscheiden …

Melanie Baschung, Bettina Schulz

Fragen und Aufgaben zum Text
1) *Warst du auch schon von zu Hause fort, vielleicht bei Verwandten im Ausland, und hattest Heimweh? Beschreibe dein Gefühl.*
2) *Wieso hatte Maria immer seltener Heimweh?*
3) *Diskutiert in der Klasse, wie man sich ohne Worte verständigen kann. Löst anschliessend folgende Aufgabe zu zweit: Stellt euch vor, ihr hättet keine gemeinsame Sprache. Ihr müsst ein Treffen abmachen und euch ohne Worte auf Zeitpunkt, Ort und Aktivität einigen. Findet ihr einen Weg, euch zu verständigen?*

Maria Theresa Kaufmann-Lopez (w)
1960 geboren, 47 Jahre alt, Chile[2]

Ein Traum wird wahr ***

Die Entscheidung fiel mir nicht schwer: Markus und ich waren verliebt. Ich wollte nicht mehr zurück nach Chile. Wir heirateten, und ich durfte in der Schweiz[9] bleiben.[19]
Nach der Hochzeit besuchte ich ein Jahr lang eine Sprachschule, um gut Deutsch zu lernen. Danach begann ich eine Lehre als Zahntechnikerin in einem kleinen Labor. Doch schon nach einem Jahr wurde mir klar, dass ich diesen Beruf nicht lange ausüben würde. Ich wollte etwas Eigenes, etwas für mich!
Ich sprach mit Markus darüber. Er fragte: «Was möchtest du denn am liebsten arbeiten?» Ich hatte nicht den Mut, ihm offen zu antworten.
In dieser Nacht lag ich lange wach und machte mir Gedanken über meine Zukunft. Ich wusste genau, was ich am liebsten tun würde: in einer eigenen, kleinen Buchhandlung südamerikanische und spanische Literatur verkaufen. Schon oft hatte ich mir ausgemalt, wie ich den Laden einrichten würde. Mein Traumladen hatte eine kleine Leseecke. Die Wände waren voller Regale, und in der Mitte des Raumes stand ein riesiger Tisch, auf dem die Neuerscheinungen lagen.
Am nächsten Morgen beim Frühstück wagte ich es endlich, Markus von der Buchhandlung zu erzählen. Er sagte: «Dein Wunsch lässt deine Augen leuchten, und ich kann dein schönes Lachen sehen. Ich glaube, du solltest deinen Traum verwirklichen.»
Noch am selben Tag kündigte ich meine Lehrstelle. Ich besuchte einen Kurs für Unternehmensgründung. Da lernte ich, was man als Geschäftsfrau und Ladenbesitzerin wissen und können muss. Ausserdem ging ich an zahlreiche Buchmessen, wo die neusten Bücher vorgestellt wurden. Dort traf ich Leute, die

selbst eine Buchhandlung führten. Von ihnen lernte ich eine Menge.
Schon nach einem Jahr fand ich ein kleines Ladenlokal, das mir gefiel. Bis heute verkaufe ich dort südamerikanische und spanische Bücher für Erwachsene und Kinder. Ich habe mir damit ein Stück Heimat in die Schweiz geholt.

Als Kind hätte ich nie gedacht, dass ich Chile verlassen und einen Schweizer heiraten würde. Doch ich konnte mir in der Schweiz meinen Lebenstraum erfüllen und bin glücklich geworden. Hier ist mein Daheim, ich möchte nicht zurück. Trotzdem bleibt Chile meine Heimat. Ich glaube, ich habe heute zwei Zuhause.

Melanie Baschung, Bettina Schulz

Fragen und Aufgaben zum Text
1) *Wie du vielleicht weisst, dürfen sich Ausländerinnen und Ausländer grundsätzlich nicht beliebig lange in der Schweiz aufhalten. Warum durfte Maria in der Schweiz bleiben?*
2) *Kannst du dir vorstellen, wie Maria in ein fremdes Land auszuwandern und dort zu bleiben? In welches Land würdest du gerne auswandern? Mache dir Gedanken dazu und erzähle sie einem anderen Kind.*
3) *Wie hat Maria sich ihren Laden vorgestellt? Mache eine Zeichnung.*
4) *Maria liebt Bücher über alles, vor allem Bücher in spanischer Sprache. Hast du zu Hause Bücher in anderen Sprachen? Bringe sie in die Schule mit. (In einer interkulturellen Bibliothek könnt ihr Bücher in verschiedenen Sprachen ausleihen. Die Adressen aller interkulturellen Bibliotheken in der Schweiz findet ihr unter www.interbiblio.ch.)*
5) *Stellt euch gegenseitig eure Lieblingsbücher vor.*

Dejan Jablan-Asanin (m)
1958 geboren, 49 Jahre alt, Bosnien[1]

Die Bootsfahrt *

Die langen Sommerferien verbrachte ich wie üblich zu Hause. Ich traf mich oft mit meinen drei Freunden Andrej, Zoran und Malik am Ufer des Flusses, der an unserem bosnischen Dorf vorbeifliesst. Meistens gingen wir schwimmen.
«Lasst uns mit dem Boot über die Sava[1] fahren!», schlug Andrej eines Nachmittags vor.
«Das haben unsere Eltern aber verboten!», erwiderte Zoran. «Und überhaupt: es ist so mühsam, bis alle am anderen Ufer sind.»
«Ach was, du bist nur zu faul zum Rudern!», antwortete Andrej und verdrehte die Augen.
«Heute ist doch ein Feiertag drüben in Kroatien[7]», bemerkte ich. «Wollen wir nicht an ein Dorffest?»
«Dejan hat Recht! Immer nur schwimmen …», meinte Andrej. «Holen wir mein Boot!» Er sprang auf und rannte zum Fischerhaus am Ufer.
Wir folgten ihm und halfen, das kleine Holzboot ins Wasser zu schieben. Andrej und Malik stiegen ein. Andrej nahm die Ruder. In der Mitte der Sava half Malik beim Rudern, da es dort eine tiefere Fahrrinne für die Schiffe gab mit starker Strömung. Drüben stieg Andrej aus. Malik fuhr zurück, und ich stieg ein. So gelangten wir alle nach und nach ans kroatische Ufer. Wir befestigten das Boot an einen Baum.
«Ich habe Hunger», klagte Zoran, «das Paddeln war anstrengend.»
Wir gingen ins Dorf. Das Fest hatte bereits begonnen: Überall roch es nach gegrilltem Fleisch und frisch gebackenem Brot. Jede Familie kochte für ihre Verwandtschaft, die zum Teil von weither angereist war. Auch wir durften mitessen. Musikanten

spielten in den Gassen, und ältere Frauen steckten uns Süssigkeiten zu. Ein Mann schenkte uns sogar einen Krug Bier, den wir gemeinsam austranken. Beschwipst und mit vollen Bäuchen lehnten wir uns schliesslich an eine Hauswand.
Mein Blick fiel auf die Uhr, und ich erschrak: «Was! Schon neun! Ich muss sofort nach Hause. Meine Eltern machen sich bestimmt schon Sorgen.»
«Das gibt Ärger! Meine Mutter wird toben!» Malik machte ein Gesicht, als hätte er in eine Zitrone gebissen.
Wir rannten zum Boot und lösten das Seil. «Alle einsteigen!», befahl Andrej.
«Alle zusammen? Bist du verrückt? Das hält das Boot nie aus!», rief Zoran entsetzt.
«Müssen wir schnell nach Hause oder nicht? Also los!», bestimmte Andrej und setzte sich ins Boot. Malik folgte. Ich kletterte in den Bug. Als Zoran einstieg, schwankte das Boot stark.

Andrej und ich nahmen die Paddel und ruderten kräftig. Langsam entfernten wir uns vom kroatischen Ufer. Das Boot schaukelte bei jedem Ruderschlag.
«Was tun wir, wenn das Boot kentert?», fragte Zoran.
«Du kannst doch schwimmen!», antwortete Andrej gelassen. Wir kamen in die Fahrrinne. Andrej ruderte schneller. Das Boot geriet ins Schlingern.
«Halt! Nicht so schnell, ich komme nicht mit», rief ich. Zu spät! Ein grosser Schwall Wasser schwappte ins Boot. Ich versuchte, das Wasser mit meiner Mütze aus dem Boot zu schöpfen. Zoran wollte mir helfen, rutschte aber auf dem nassen Holzboden aus und fiel auf Malik. Das Boot kippte zur Seite und drehte sich ganz um. Wir plumpsten ins Wasser. Das Boot verschwand in der Dunkelheit.
Ich schwamm mit aller Kraft gegen die Strömung an. Meine Arme schmerzten. Endlich konnte ich einen Ast packen und mich ans bosnische Ufer ziehen. Die Strömung war hier nicht so stark.
«Hier könnt ihr an Land!», rief ich. Andrej tauchte auf. Hustend kroch er ans Ufer.
«Wo sind die anderen?», fragte er mich. Mittlerweile war es stockdunkel.
«Hilfe! Ich versinke im Schlamm!», hörten wir Zoran schreien. Andrej und ich folgten der Stimme. Wir fanden Malik, der an Zorans Armen zerrte. Der Ärmste steckte knietief im Schlamm. Mit vereinten Kräften zogen wir ihn heraus.
Nun waren alle von Kopf bis Fuss mit Schlamm beschmiert und nass bis auf die Knochen. «Das wird Ärger geben!», jammerte Malik und fing an zu weinen.
«Das hilft jetzt auch nichts», wies ihn Andrej zurecht. «Wir müssen trotzdem nach Hause. Wie spät ist es?»
Ich schaute auf meine Uhr. Der Sekundenzeiger stand still.
«Meine Uhr ist kaputt», sagte ich niedergeschlagen.
«Auch das noch!»

«Komm schon», ermunterte mich Zoran. «Gehen wir endlich heim.»

Wir stapften los. Niemand sprach ein Wort. Mir war schrecklich kalt, und meine Füsse schmerzten. Der Morgen dämmerte bereits, als wir total erschöpft das Dorf erreichten.

Im Hof kam mir meine Mutter entgegen und schimpfte laut. Dann umarmte sie mich aber. Sie verstand, dass wir schon genug bestraft waren für unseren Leichtsinn.

Kroatische Dorffeste besuchten wir seither nur noch in Begleitung unserer Eltern.

Annekäthi Häusermann, Alexandra Joss

Fragen und Aufgaben zum Text
1) *Die Geschichte ist ziemlich lang. Du kannst sie besser verstehen, wenn du sie in kürzere Abschnitte gliederst. Wann ist jeweils eine kleine Geschichte in der Geschichte abgeschlossen? Erstellt zu zweit eine Liste mit Stichworten zum Thema der kleinen Geschichten.*
2) *Wie verbringst du deine Sommerferien? Male ein Bild.*
3) *Hast du auch schon ein ähnliches Abenteuer erlebt? Erzähle es einem anderen Kind.*

Dejan Jablan-Asanin (m)
1958 geboren, 49 Jahre alt, Bosnien[1]

Herr Savic verschwindet *

Herr Savic wohnte am Dorfrand. Er war alt und nicht mehr gut zu Fuss. Deshalb brachte ich ihm jeden Tag die Zeitung. Manchmal ging Herr Savic abends in die Kneipe. Sonst war er immer zu Hause.
«Guten Tag, Herr Savic», sagte ich, wenn er die Tür öffnete. Ich gab ihm die Zeitung.
«Guten Tag, Dejan! Wie läuft es in der Schule?», fragte er heute. Ich zögerte: «Gut».
«Du gehst nicht gern, stimmt's?», lachte er. «Das ging mir auch so in deinem Alter. Aber weisst du, es ist gut, wenn man etwas lernt. Nur wer etwas im Kopf hat, kann eine eigene Meinung haben.» Herr Savic klopfte mir auf die Schulter und gab mir das Geld für die Zeitung. Meistens war es etwas mehr, als sie gekostet hatte.
Eines Tages öffnete Herr Savic nicht. Auch als ich später wiederkam, blieb die Tür verschlossen.
«Mama, weisst du, ob Herr Savic krank ist?» Ich sass in der Küche, und Mutter bereitete das Abendessen zu.
«Nein. War er nicht da?», fragte sie und schnitt das Brot in Scheiben.
«Er hat nicht aufgemacht. Wo könnte er sein?»
«Vielleicht ist er verreist.»
«Sonst gibt er mir immer Bescheid, wenn er weggeht. Was mache ich jetzt mit der unbezahlten Zeitung?»
«Behalte sie. Vielleicht ist er morgen wieder da.»
Ich nickte. Das Thema war beendet, bis Vater heimkehrte.
«Sie haben Savic verhaftet!», platzte es statt einer Begrüssung aus ihm heraus.
«Was!», rief ich. «Warum?»

Vater berichtete: «Heute Morgen kamen zwei Polizisten und nahmen ihn mit. Er hat wohl in der Kneipe wieder einmal seinen Mund ein bisschen zu weit aufgerissen.»
Ich verstand nicht, was Vater damit meinte: «Kann man ihn deswegen einsperren?»
«Hör zu, Dejan», sagte meine Mutter, «manche Dinge darf man in diesem Land nur denken und nicht aussprechen.»
Wovon redeten meine Eltern? Ich kapierte nichts. «Was mache ich jetzt mit der Zeitung?» fragte ich.
«Die musst du ihm bis auf Weiteres nicht mehr bringen», meinte Vater.
Am nächsten Tag klopfte ich gleich nach der Schule bei Herrn Savic. Niemand öffnete. Die Haustür war abgesperrt, sogar die Fensterläden waren geschlossen. Den ganzen Monat

über ging ich immer wieder hin. Aber Herr Savic blieb verschwunden.

Nach sechs Wochen kam mir auf dem Heimweg ein alter Mann entgegen. Er stützte sich auf einen Stock, und seine Haare waren kurz geschoren.

«Guten Tag, Dejan. Wie geht es dir?», fragte er.

Ich erschrak: «Herr Savic! Wo waren Sie so lange?» Mir fiel auf, wie dünn er geworden war.

«An einem düsteren Ort. Ich hoffe, du musst nie dort hin!» Sein Tonfall klang ernst.

Ich fragte: «Waren Sie wirklich im Gefängnis?»

Er lächelte und sagte: «Komm, heute gehen wir zusammen die Zeitung kaufen.»

Herr Savic sprach mit mir nie darüber, was geschehen war. Im Dorf wurde erzählt, er habe in der Kneipe schlecht von Tito[6] und Jugoslawien[6] gesprochen. Jemand habe dies der Polizei verraten. Er sei verhaftet und verhört worden, bis er gestanden habe.

Seither wusste ich, dass man nicht alles sagen durfte, was man dachte. Den Mund zu weit aufreissen war gefährlich.

Annekäthi Häusermann, Alexandra Joss

Fragen und Aufgaben zum Text

1) *Beschreibe Herrn Savic für jemanden, der die Geschichte nicht gelesen hat. Versuche Wörter zu finden, die zeigen, was für ein Mensch er ist. Wähle aus den folgenden Gegensatzpaaren jeweils das zutreffende Adjektiv aus: mutig-ängstlich, sanft-aggressiv, humorvoll-humorlos, grosszügig-geizig ...*
2) *Was bedeutet: «Er hat seinen Mund zu weit aufgerissen»? Versuche die Redewendung mit deinen eigenen Worten zu umschreiben. Vergleicht eure Lösungen in der Klasse.*
3) *Stell dir vor, du seist Herrscher oder Herrscherin über ein Land. Würdest du deinem Volk auch verbieten, schlecht über dich und das Land zu sprechen? Welche Regeln würde es in deinem Land geben? Diskutiert in der Klasse darüber. Schreibe anschliessend die Gesetze deines Landes auf ein grosses Blatt. Hängt die Plakate im Klassenzimmer auf.*

Dejan Jablan-Asanin (m)
1958 geboren, 49 Jahre alt, Bosnien[1]

‹Grüessech!› **

Meine Frau Semina und ich kamen wegen der besseren Löhne als Saisonniers[19] in die Schweiz[9]. Wir wollten hier Geld verdienen, um in Jugoslawien[6] ein Haus bauen zu können.
Ich bereitete mich auf die Schweiz vor, indem ich ein paar Brocken Deutsch lernte: «Guten Tag», «Auf Wiedersehen», «Vielen Dank».
Wir reisten mit dem Bus und dem Zug bis nach Interlaken. «Wie heisst schon wieder ‹dobar dan› auf Deutsch?», fragte ich meine Frau. «Guten Tag», antwortete sie. «Eine schwierige Sprache, dieses Deutsch», sagte ich. Semina nickte.
Wir standen auf dem Bahnsteig und bewunderten die Landschaft. So hohe Berge hatte ich noch nie gesehen!
Mein Bruder, der schon länger in der Schweiz arbeitete, holte uns vom Bahnhof ab. Er brachte uns in das Hotel, in dem Semina als Zimmermädchen und ich als Portier Arbeit gefunden hatten. Eine ältere Frau kam uns entgegen. Ihr gehörte das Hotel, wie wir später erfuhren. «Grüessech!», sagte sie. Ich überlegte, was das wohl bedeutete. War es freundlich gemeint? Es klang eher wie eine Beschimpfung. Verloren blickte ich Semina an, die aber genauso verwirrt dreinschaute. Mein Bruder kam uns zu Hilfe. «Dobar dan!», übersetzte er. «Guten Tag!», antwortete ich erleichtert. Insgeheim wunderte ich mich aber sehr, dass ‹Guten Tag› auf einmal ‹Grüessech› hiess.
Die ältere Frau führte uns durch das Hotel. Wir betraten das Restaurant. «Hier drin ist es aber ruhig!», sagte Semina leise. Tatsächlich, da war kaum ein Laut zu hören. Zuerst dachte ich, es seien keine Gäste da. Aber fast jeder Tisch war besetzt. «Warum flüstern alle?», fragte mich meine Frau. Ich schaute

mich um. Die Gäste sprachen sehr leise miteinander. «Ich glaube, diese Lautstärke ist hier normal. Ich finde sie angenehm. Man versteht einander viel besser als in jugoslawischen Restaurants», sagte ich. «Allerdings! Da wird viel zu laut gesprochen», antwortete Semina.

Annekäthi Häusermann, Alexandra Joss

Fragen und Aufgaben zum Text
1) Was heisst ‹guten Tag› auf bosnisch? Du findest die Antwort im Text.
2) Sucht in der Klasse die Ausdrücke für ‹guten Tag›, ‹auf Wiedersehen›, ‹vielen Dank› in möglichst vielen Sprachen. Fragt auch andere Kinder auf dem Pausenplatz. Anschliessend schreibt ihr für jedes Wort ein Plakat; nehmt für jede Sprache eine andere Farbe.
3) Die Frau in der Geschichte sagt «grüessech». Wie heissen die Ausdrücke ‹guten Tag›, ‹auf Wiedersehen›, ‹vielen Dank› in unterschiedlichen schweizerdeutschen Mundarten? Sammelt in der Klasse.

Dejan Jablan-Asanin (m)
958 geboren, 49 Jahre alt, Bosnien[1]

Nachrichten aus dem Krieg ***

«Hast du jemanden erreicht?», fragte meine Frau, als ich den Telefonhörer auflegte.
«Weder meine Geschwister noch meine Mutter, aber Andrej, meinen alten Schulkameraden. Leider nur ganz kurz. Die Leitung wurde unterbrochen. Er sagte, die Kämpfer seien noch nicht bei uns im Dorf.»
Wir wohnten inzwischen das ganze Jahr über[19] in der Schweiz[9]. Ich hatte meine Ausbildung zum Werkzeugmaschinisten abgeschlossen und arbeitete in einer Fabrik. Das Haus in Bosnien war fertig gestellt. Wir hatten mit den Kindern bereits wunderschöne Ferien darin verbracht.
«Wann hören die Kämpfe endlich auf?», fragte Samina.
«Ich hoffe bald. Alles wird zerstört», antwortete ich.
In Bosnien herrschte Krieg. Den Staat Jugoslawien[6] gab es nicht mehr.
«Verstehst du, warum sie sich bekämpfen?», fragte Samina.
«Ich begreife es nicht.»
Ich hatte keine Antwort darauf. Früher lebten alle nebeneinander und miteinander, Bosnier, Kroaten[7], Serben, Montenegriner, Slowenen, Mazedonier und Albaner. Jetzt wurden Häuser zerstört, Menschen getötet! Warum nur?
Jeden Abend sassen wir vor dem Fernseher. In den Nachrichten wurde von den Kämpfen in unserer Heimat berichtet. Unser Dorf war sicher auch betroffen, aber es war unmöglich, jemanden zu erreichen.
Lange hörten wir nichts von unseren Familien und Freunden. Die Kriegshandlungen verschärften sich. Die Zivilbevölkerung, Frauen, Kinder und alte Menschen, wurde immer stärker in Mitleidenschaft gezogen.

Es war eine schlimme Zeit, auch für uns in der sicheren
Schweiz. Wir wussten nicht, was geschah oder noch geschehen
würde. Erst nach vier Jahren hörten die Kämpfe auf.
Die Kriegsparteien einigten sich. Die Autonomie der einzelnen
Länder wurde besiegelt.
Sobald es wieder möglich war, fuhren wir nach Bosnien.
Unsere Familien hatten den Krieg glücklicherweise unversehrt
überstanden. Aber als ich mein neues Haus sah, brach mir fast
das Herz. Alles zerstört! Wir hatten so lange gespart und
gebaut, und jetzt war das Haus eine Ruine.
Ich besuchte auch Andrej. Er war sehr wortkarg.

«Weisst du noch, als wir früher in der Sava[1] schwimmen gingen?», versuchte ich ihn aufzumuntern.
Er nickte.
«Erinnerst du dich an die Bootsfahrt, als wir kenterten», fuhr ich fort und musste lächeln.
«Wenn ich an die Sava denke, sehe ich all die Toten, die sie meerwärts spülte im Krieg», antwortete Andrej.
«Woran denkst du?», fragte Samina, als sie sich am Abend im Hof meiner Schwester neben mich setzte.
Ich schwieg.
«Wir dürfen nicht so traurig sein, dass unser Haus zerstört wurde. Andere haben viel mehr verloren», fuhr sie fort und unterdrückte ein Schluchzen.
«Wir sitzen in diesem Hof, den ich seit meiner Kindheit kenne», sagte ich. «Er sieht noch genauso aus wie damals, und doch ist so vieles anders.»
«Wie meinst du das?»
«Andrej zum Beispiel hat sich verändert.»
«Er ist still geworden», bestätigte meine Frau.
«Andrej hat im Krieg Erfahrungen gemacht, die wir hoffentlich nie machen werden.»
Samina und ich schwiegen nachdenklich.

Annekäthi Häusermann, Alexandra Joss

Fragen und Aufgaben zum Text
1) Kennst du Menschen, die von einem Krieg betroffen waren oder sind? Denke darüber nach, wie du diese Menschen erlebt hast.
2) Woran denkt Andrej, wenn er die Sava sieht, und woran denkt Dejan? Besprich es mit einem anderen Kind.
3) Andrej und Dejan haben die letzten Jahre ganz unterschiedlich erlebt: Dejan in der Schweiz in Sicherheit, Andrej im Krieg. Andrej hat schlimme Dinge erlebt. Dejan ist traurig darüber. Zurück in der Schweiz, schreibt er Andrej einen Brief, mit dem er ihn trösten will. Er möchte ihm auch sagen, wie wichtig ihm ihre Freundschaft ist. Stelle dir vor, du seist Dejan, und schreibe einen Brief an Andrej.

Isaiah Agboh-Beerli (m)
1970 geboren, 37 Jahre alt, Togo[13]

Ein verhängnisvoller Zeitungsartikel *

Früh am Morgen klopfte es an der Tür. Ich schreckte auf. Mein Vater war schon bei der Arbeit, und meine Mutter schlief noch. Zitternd stellte ich mein Glas Sojamilch auf den Tisch und öffnete. Zwei Unbekannte standen draussen.
«Bonjour, wir möchten mit Herrn Agboh sprechen!», sagte der kleinere der beiden Männer in strengem Ton.
«Mein Vater ist nicht zu Hause», antwortete ich. Das Herz schlug mir bis zum Hals.
«Heisst er Isaiah Agboh?», fragte der andere.
«Nein, das bin ich», erwiderte ich nervös.
«Es geht um deine Freunde, Nathanael und Karim.»

Meine Freunde und ich entdeckten am letzten Sonntag einen bekannten Politiker im Gottesdienst[15]. Er hatte unsere Kirche[15] noch nie zuvor besucht. «Was will der hier?», fragten wir uns. Seine Absichten waren uns bald klar: Er kam nur zum Gottesdienst, um gesehen zu werden und uns zu beeindrucken vor den Wahlen. Wir sollten für ihn stimmen.
«Das ist eine Frechheit!», empörte sich Nathanael.
«Du hast recht, wir müssen uns wehren», meinte ich.
Wir beschlossen, einen Artikel darüber zu schreiben. Ein Freund meines Vaters besass eine Druckerei und veröffentlichte eine Zeitung.
«Ist das nicht gefährlich?», fragte Karim.
«Wir machen die Leute ja nur darauf aufmerksam, dass sie sich gut überlegen sollen, wen sie wählen», sagte ich.
«Es ist für unser Land wichtig, dass nur ehrliche und gute Politiker in der Regierung sind», bestätigte Nathanael.
Wir hatten keine Ahnung, wie viel Macht dieser Politiker

besass. Ein paar Tage nach der Veröffentlichung unseres Artikels waren meine beiden Freunde plötzlich verschwunden. Niemand wusste, wo sie steckten. Wir suchten sie überall, im Spital und bei Verwandten. Aber sie blieben unauffindbar.

Ich musterte die beiden Männer. Sie sahen nicht aus wie Polizisten. Vielleicht haben sie Nathanael und Karim gefunden, schoss es mir durch den Kopf.
«Wir sind von ‹Amnesty International›[20] und haben deine Freunde im Gefängnis besucht», erklärte der kleinere Mann. «Sie haben uns von dir erzählt. Wir wollen ihnen helfen. Zuerst müssen wir aber dich in Sicherheit bringen, und zwar sofort. Kennst du ein Land in Europa?»

«Von der Schweiz[9] habe ich schon viel gelesen», antwortete ich zögernd.
«Das trifft sich gut, ich bin Mitarbeiter einer Organisation in Genf», sagte der grössere Mann.
Ich weckte meine Mutter. Sie war sehr traurig, dass ich fliehen[20] musste. Aber sie verstand, dass ich keine andere Wahl hatte. Sie sagte: «Du wirst sehr hart arbeiten müssen, aber du wirst es schaffen! – Isaiah, ich möchte dir ein Sprichwort mitgeben auf deine Reise: ‹Wenn die Leute mit dem rechten Fuss gehen, dann geh du nicht mit dem linken.›»
Ich wusste nicht, ob ich je zurückkehren würde. Mit Tränen in den Augen packte ich meinen Koffer. Zum Schluss legte ich die Bibel hinein, die mir mein Vater zum letzten Geburtstag geschenkt hatte. Von ihm konnte ich mich nicht einmal verabschieden. Als ich fertig gepackt hatte, nahmen mich die Männer von ‹Amnesty International› mit. Sie ermöglichten mir eine sichere Ausreise aus Togo.

Melanie Nelles, Damaris Nydegger

Fragen und Aufgaben zum Text
1) Stelle dir vor, du müsstest plötzlich deine Familie verlassen. Wohin würdest du gehen? Wie würdest du dich fühlen? Was würdest du mitnehmen? Sprich mit einem anderen Kind darüber.
2) Lies die Geschichte dreimal leise für dich durch und versuche sie so gut wie möglich zu verstehen. Stelle dir die Gefühle der Hauptpersonen vor. Bildet anschliessend Fünfergruppen und spielt die Geschichte mit verteilten Rollen.
3) Was wollte die Mutter Isaiah mit dem Sprichwort wohl mitteilen? Finde eine Erklärung und schreibe sie auf. Vergleicht die Versionen in der Klasse. Sammelt andere Sprichwörter mit Ratschlägen fürs Leben.
4) Kennt ihr Sprichwörter in anderen Sprachen? Fragt eure Eltern. Erklärt den anderen Kindern in der Klasse, wie die Sprichwörter auf Deutsch lauten. Was bedeuten sie?
5) ‹Amnesty International› ist eine Organisation für Menschenrechte. Was tut sie? Recherchiert im Internet und im Lexikon. Schreibt dann zu zweit ein Informationsplakat für die anderen Kinder.

Isaiah Agboh-Beerli (m)
1970 geboren, 37 Jahre alt, Togo[13]

‹Schenkeli› für Indien **

Ich kam in ein Schweizer Asylheim.[20] Diese Zeit war schrecklich. Wir durften nicht arbeiten[20] und blieben vom Alltag der schweizerischen Gesellschaft ausgeschlossen. Wir lebten einfach so in den Tag hinein. Die Zimmer waren sehr klein. Viele rauchten die ganze Zeit. Einige versuchten, mit dem Verkauf von Drogen etwas Geld zu verdienen. Ich fühlte mich unwohl, langweilte mich und wurde nervös. Doch die Hoffnung verlor ich nie. Immer wieder redete ich mir zu: «Mit Gottes Hilfe wirst du es schaffen!»
Die meisten Menschen in Togo wünschen sich, nach Europa zu gehen.[19] «In der Schweiz[9] ist alles schön und sauber. Dort sind alle glücklich und reich. Das Geld liegt auf der Strasse, man muss sich nur bücken und es aufheben», glauben die Leute in Afrika. Ich war nun in der Schweiz. Die Realität sah ganz anders aus.
Der einzige Tag, den ich nicht im Asylheim verbrachte, war der Sonntag. Dann besuchte ich den Gottesdienst in einer nahe gelegenen Kirche.[15] Ich lernte dort nette Leute kennen und schloss Freundschaften. Thomas Gasser, einer meiner neuen Freunde, unterstützte eine Hilfsorganisation in Indien. «Willst du mir helfen, Spenden zu sammeln?», fragte er mich eines Tages. «Du kannst sehr gut auf Menschen zugehen.» Ich nahm sein Angebot gerne an. Endlich eine Beschäftigung!
Er brachte mir bei, wie man ‹Schenkeli› backt. «Zuerst musst du die Eier mit dem Zucker, dem Salz und der Milch gut verrühren», erklärte er und gab die Zutaten in eine Schüssel. «Salz? Bist du dir sicher?», fragte ich. «Nur eine Prise», lachte er. «Dann schmilzt du die Butter und fügst sie mit der abgeriebenen Zitronenschale bei», fuhr er fort. «So, und nun

vermischen wir das Backpulver mit dem Mehl und geben es portionenweise bei. Rühr mal kräftig um! Der Teig darf nicht zu trocken sein.» Danach kam die glänzende Masse für eine Stunde in den Kühlschrank. Wir gönnten uns einen Kaffee. Nach dieser Ruhepause zeigte mir Thomas geduldig den nächsten Schritt: «Du musst den Teig zu fingerdicken Rollen formen und in fünf bis sechs Zentimeter lange Stücke schneiden.» Ich naschte immer wieder vom Teig. Der Geschmack war mir fremd. Zum Schluss frittierten wir die Rollen in heissem Öl. Ich probierte ein ganz frisches ‹Schenkeli› und war überrascht, wie gut es mir schmeckte. «In Ordnung», verkündete ich schmunzelnd, «ich werde dir helfen, Thomas!»

Thomas half mir, aus dem Asylheim auszuziehen. Ich war so erleichtert!

Mehrere Wintermonate lang backte und verkaufte ich nun also ‹Schenkeli› für die Hilfsorganisation. Im Backen wurde ich ein wahrer Meister. Bei einer der vielen Veranstaltungen kam eine Frau an meinen Verkaufsstand. Sie sah zuerst das Gebäck und dann mich an: «Warum verkauft ein Afrikaner Schweizer ‹Schenkeli› für eine indische Hilfsorganisation?» – Sie ist meine Frau geworden.

Melanie Nelles, Damaris Nydegger

Fragen und Aufgaben zum Text
1) Drehe die Geschichte um und stelle dir vor, du müsstest aus der Schweiz nach Togo fliehen. Du hast gedacht, in Togo sind alle Menschen lustig und fröhlich, machen Musik und feiern den ganzen Tag. Die Wahrheit sieht aber ganz anders aus: Die Menschen sind nämlich … … … Schreibe eine Fortsetzung.
2) In der Geschichte backt ein Mann aus Togo ‹Schenkeli› für eine indische Hilfsorganisation. Seine zukünftige Frau findet diese Kombination lustig. Warum denn eigentlich? Sammelt Antworten in der Klasse.
3) Backst du gerne? Schreibe mit Hilfe des Textes ein Rezept für ‹Schenkeli›. Bringe ein anderes Rezept in die Schule mit. Vielleicht könnt ihr alle gemeinsam backen?

Isaiah Agboh-Beerli (m)
1970 geboren, 37 Jahre alt, Togo[13]

Togo liegt in der Schweiz ***

An einem strahlenden Sommertag ging ich spazieren. Es war still. Nur der Bach rauschte. Ich überquerte eine kleine Brücke und liess den Blick schweifen. Der Weg teilte sich. Rechts öffnete sich eine Schlucht. Links führte der Weg an Bäumen und Sträuchern vorbei und verschwand im Wald. Die Sonne schien durch das Blätterdach und spiegelte sich im Wasser. Was für eine wunderschöne Landschaft, dachte ich. Es sieht fast so aus wie bei uns in Togo.
Ich folgte dem Weg in die Schlucht. Es war angenehm kühl. Der Bach stürzte manchmal in kleinen Wasserfällen über Felsbrocken. An flachen, breiten Stellen stand das Wasser nur knöcheltief. Am Ufer lagen viele rund geschliffene Kiesel. In Gedanken versunken fing ich an, flache Steine aufeinander zu schichten. Das passte gut in diese Schlucht, fand ich.
Solche Steintürmchen baute man in Togo als Wegmarkierung. Sie dienten der sicheren Orientierung in gefährlichen und unübersichtlichen Gebieten wie der Wüste oder dem Gebirge.
Von diesem Tag an ging ich immer wieder in diese Schlucht und baute Steintürmchen. Ich stapelte jeweils fünf bis acht Kiesel aufeinander. Hielt ich einen Stein einmal in den Händen, integrierte ich ihn auch. Jeden kann man für eine Skulptur verwenden. Das brauchte viel Geduld und Geschick. Nie bearbeitete ich die Kiesel mit Hammer und Meissel. Ich hätte sie sonst verletzt. Denn jeder Stein erzählt eine Geschichte an der Oberfläche.
Einige Steintürmchen standen im Wasser und spiegelten sich darin. Das gefiel den Spaziergängern. Manche fragten mich: «Was bauen Sie da für Türme? Warum tun Sie das?» Und ich

antwortete: «Die Türme sind wie wir Menschen. Jeder ist anders, und doch passen wir zueinander. Alle haben einen anderen Charakter, und trotzdem können wir miteinander leben.» Die Leute schauten mich mit grossen Augen an. Einzelne wollten wissen, wer ich bin. «Ich heisse Isaiah und komme aus Togo.» Sie nickten, fröhlich oder nachdenklich: «Mach weiter so, Isaiah!» Später erfuhr ich, dass auch in der Schweiz[9] viele Wege im Gebirge mit Steintürmchen markiert sind. Hier heissen sie Steinmännchen. Sie sind so weit entfernt von den Steintürmchen in Togo – und doch ganz nah verwandt.

Melanie Nelles, Damaris Nydegger

Fragen und Aufgaben zum Text
1) *Warst du schon einmal in einer Schlucht? Beschreibe einem anderen Kind möglichst genau, wie es dort aussieht.*
2) *Für seine Skulpturen benötigt Isaiah keinen Hammer. Er denkt, er würde die Geschichte der Steine sonst verletzen. Sucht selber Steine. Was für Geschichten erzählen sie? Fügt die Steine anschliessend zu Skulpturen zusammen, ohne sie zu bearbeiten.*
3) *Isaiah sagt: «Die Türme sind wie wir Menschen. Jeder ist anders, und doch passen wir zueinander. Alle haben einen anderen Charakter, und trotzdem können wir miteinander leben.» Was meinst du dazu? Denke darüber nach.*

Oivi Vänskä Stucki (w)
1959 geboren, 48 Jahre alt, Finnland[5]

Ein Hexenfest **

In Finnland, wo ich aufwuchs, findet vom 30. April bis zum
1. Mai Vappu statt, das grosse Walpurgisnacht-Fest. Dann
fliegen die Hexen auf ihren Besen zum Blocksberg und tanzen.
Davon erzählt man sich zumindest wunderbar schauerliche
Geschichten.
Anni, Inka und ich freuten uns dieses Jahr ganz besonders auf
Vappu. Wir wollten uns als Hexen verkleiden. Ich hatte einen
grossen, spitzen Hut erhalten, und meine Mutter nähte mir ein
schwarzes Hexenkleid. Den Hut und das Kleid durfte ich mit
allerlei gruseligen Dingen schmücken.

In der grossen Pause sprachen wir Freundinnen nur noch über
die Kostüme und konnten den nächsten Tag kaum erwarten.
Die Glocke rief uns wieder ins Schulzimmer. Ich musste noch
rasch zur Toilette. Als ich zurückkam, sah ich Anni in der
Garderobe. Sie nahm Valentins Schuhe und warf sie in den
grossen Mülleimer. Dann rannte sie weg. Sie hatte mich nicht
gesehen.
Valentin ging in unsere Klasse. Er war immer sehr pünktlich
und fleissig, während wir drei lieber Streiche ausheckten.
Valentin war der Liebling unserer Lehrerin. Wir mochten ihn
nicht. Ihm aber deswegen die Schuhe wegwerfen? Das schien
mir gemein.
Nach der Schule fand Valentin seine Schuhe nicht und heulte
laut. «Wer weiss, wo Valentins Schuhe sind?», fragte Frau
Hansen. Die Lehrerin erhielt keine Antwort. Wir machten uns
schnell aus dem Staub. Valentin musste in den Hausschuhen
heimgehen.
Alle lachten ihn aus.

Er tat mir leid. Das war mehr als gemein, das war richtig böse, dachte ich.
«Oh nein, ich habe mein Rechnungsheft vergessen!», sagte ich zu Anni und Inka. Ich rannte zur Schule zurück.
«Was ist los?», fragte Frau Hansen. Ohne zu überlegen, platzte ich heraus: «Ich weiss, wo die Schuhe sind. Ich weiss, wer sie Valentin weggenommen hat. Anni war es!» – Was hatte ich da eben gesagt? Ich hatte meine beste Freundin verpetzt! Darf man das?

Was Frau Hansen erwiderte, nahm ich nicht wahr. In mir war ein einziges Durcheinander. Ich hatte überhaupt kein Mitleid mehr mit Valentin, sondern schämte mich nur noch Anni gegenüber.

Am Vappu-Morgen war ich früh wach und zog gleich mein Kostüm an. Papa war dagegen, dass ich als Hexe frühstückte, doch Mama schminkte mich sogar ein bisschen. Ich war erst am Nachmittag mit meinen Freundinnen verabredet und musste mich den ganzen langen Morgen gedulden.
Als ich endlich bei Inka eintraf, war Anni schon da. «Hallo! Wie gefällt euch mein Kostüm?», fragte ich. Beide guckten ganz böse. «Warum hast du Anni verpetzt?», fragte Inka. «Du bist keine richtige Freundin. Komm Anni, wir gehen!» Ich folgte ihnen auf die Strasse. Aber Inka und Anni redeten kein Wort mehr mit mir.
Ich hätte am liebsten losgeheult. Nach einer Weile beschloss ich, allein durchs Dorf zu gehen.
Überall feierten die Leute und tanzten ausgelassen zu lauter Musik. Die meisten trugen weisse Mützen und die Studenten weisse Anzüge. Kinder zogen Luftballons hinter sich her und naschten Süssigkeiten.
Mir war nicht nach Feiern. Ich wollte allein sein und ging in den Wald. Hier war es ruhig. Die Nacht brach herein. Plötzlich krachte es. Ich sah durch die Äste Funken am Himmel. Der Boden zitterte bei jedem Knall, und das Donnern wurde immer lauter. Das müssen die Vappu-Hexen sein. Also sind sie wahr, die Geschichten von den Hexen, die in der Walpurgisnacht den Teufel treffen, dachte ich. Ich rannte weg, so schnell ich konnte. Endlich war der Lärm vorbei. Ich sank erschöpft auf den Waldboden und verlor die Besinnung.
Stimmen weckten mich. Ich erkannte die Gestalten, die sich näherten: Mama, Papa, Inka und Anni. Sie riefen laut meinen Namen. Ich lief zu Mama und umarmte sie. Mama sagte: «Wie

kommst du denn hierher, Oivi? Du hast das Feuerwerk verpasst!» Auf dem Heimweg waren Anni und Inka ganz still. In unserem Garten nahm Anni plötzlich all ihren Mut zusammen und sagte: «Es tut mir leid, Oivi. Das mit Valentins Schuhen war gemein von mir. Sind wir wieder Freundinnen?»

Ich fiel zuerst Anni und dann Inka um den Hals. Wie war ich froh, mich mit meinen beiden Freundinnen versöhnt zu haben! Jetzt konnten wir endlich Vappu feiern.

Silvia Cartier

Fragen und Aufgaben zum Text
1) Lies den Abschnitt nochmals, in dem Anni Valentins Schuhe versteckt. Was hättest du an Oivis Stelle getan? Diskutiere mit einem anderen Kind.
2) Was ist im Wald geschehen? Erfindet zu zweit eine Geschichte. Entscheidet euch, ob ihr eine Gruselgeschichte, eine lustige Geschichte, einen Krimi oder eine traurige Geschichte schreiben wollt. Überlegt euch zuerst, was wichtig ist für einen entsprechenden Text. Wenn ihr nicht weiterkommt, sprecht mit eurer Lehrperson.
3) Hast du schon an einem Fest teilgenommen, an dem du dich verkleidet hast? Wie würdest du dich gerne kostümieren? Du kannst das ausprobieren, indem du eine Puppe von dir herstellst: Zeichne dich auf ein dickeres Blatt Papier und schneide die Puppe aus. Dann zeichnest du Kostüme in Puppengrösse auf dünneres Papier und schneidest die auch aus. Welche Verkleidung gefällt dir nun am besten?
4) Was weisst du über die Walpurgisnacht? Stelle dir vor, du müsstest jemandem erklären, was das ist. Schreibe eine kurze Erklärung. Du kannst im Text nachlesen und in einem Lexikon nachschauen.
5) Suche in der Bibliothek Bücher, in denen Hexen vorkommen. Vielleicht bekommt ihr im Unterricht Zeit, in diesem Buch zu lesen? Stellt euch nachher in der Klasse gegenseitig die Hexenbücher vor.

Oivi Vänskä Stucki (w)
1959 geboren, 48 Jahre alt, Finnland[5]

Abfahrt: Pieksamäkki, Finnland – Ankunft: Frau Singer, Schweiz *

Vor meiner Haustür stand der Koffer bereit. Am Koffergriff hing ein Etikett mit der Aufschrift: «Oivi Vänskä, 12. Februar 1959, Pieksamäkki, Finnland». Ab sofort war das meine alte, nicht mehr gültige Adresse. Im Koffer lagen nur ein paar Kleider, zwei Bücher und mein Plüschhund. Ich hatte die ganzen sechsundzwanzig Jahre meines Leben in einem kleinen Dorf an einem der unzähligen Seen in Finnland verbracht. Nun würde ich meine Heimat verlassen. «Für immer?», fragte ich mich.

Mir war meine Arbeit als Chemielaborantin langweilig geworden. Immer musste ich dieselben Flüssigkeiten zusammenmischen. Also fragte ich bei meiner Firma an, ob sie mir nicht einen anderen Arbeitsplatz anbieten könnten. Die Firma hatte viele Niederlassungen überall auf der Welt. Sie schlugen mir Deutschland[4] vor: In Rostock würde ich in einem Forschungslabor an Neuentwicklungen mitarbeiten können. In letzter Minute schickte mich die Firma aber doch anderswo hin. In der Schweiz[9], versprachen sie mir, gäbe es eine noch spannendere Arbeitsstelle[19] als in Rostock. Überhaupt gebe es nirgends eine bessere Zukunft als in der Schweiz.

Nun fuhr ich also zuerst zwei Tage mit dem Schiff über die Nordsee. Als ich die Schlafkabine betrat, sass dort schon ein junger Mann. «Ich heisse Miro», stellte er sich vor. Er half mir, meinen Koffer auf der Gepäckablage über den Betten zu verstauen. Am Abend wurde das Meer unruhig. Ein Sturm zog auf, und das Schiff geriet ins Schwanken. Mitten in der Nacht

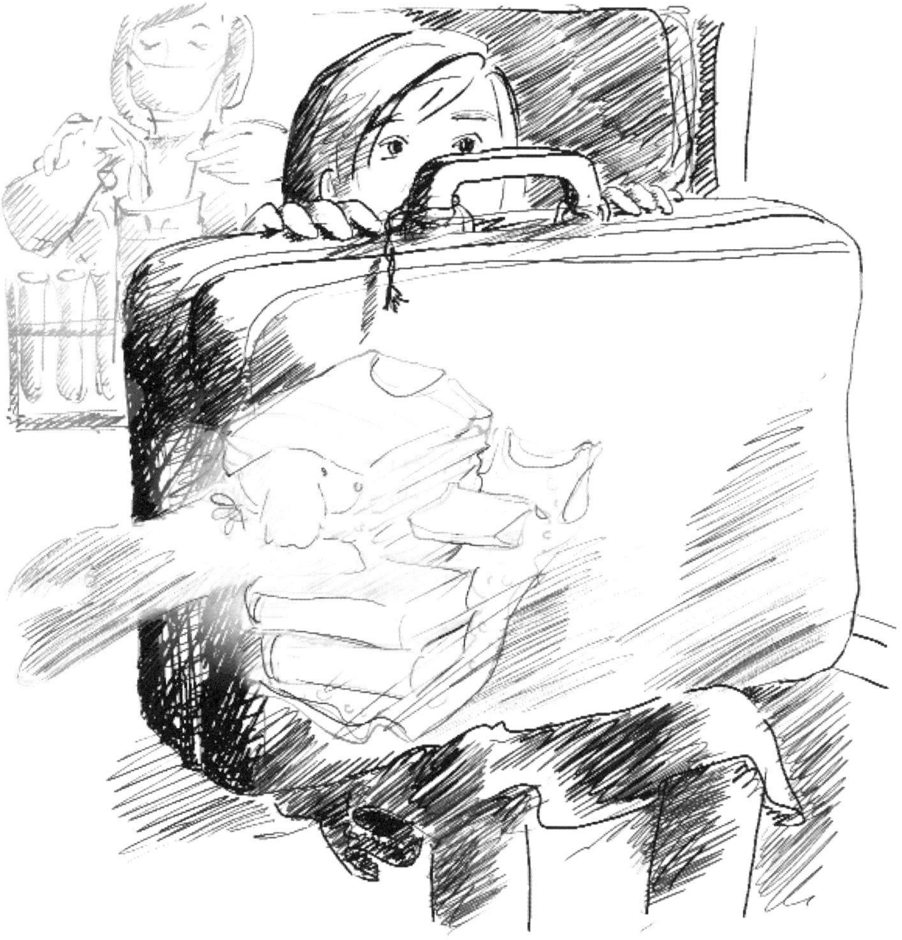

fiel mein Koffer Miro auf den Kopf. Ich begleitete ihn auf die Krankenstation. «Junger Mann, Sie hatten Glück. Der Koffer hätte Sie töten können», meinte die Krankenschwester. «Du hast so wenig mitgenommen, dass es nur für eine leichte Gehirnerschütterung reichte!», scherzte Miro am nächsten Morgen.
Auf die erlebnisreiche Schifffahrt folgte eine lange Zugreise. Die Wagen waren überfüllt. Ich hatte einen Sitzplatz, musste aber meinen Koffer auf den Schoss nehmen. Das Etikett war abgefallen. Wollte ich wirklich fort? Ich hatte Angst.

In der Schweiz wohnte ich die ersten Wochen bei einer älteren Dame. Meine Firma hatte mir dieses Zimmer vermittelt. Frau Singer machte mir jeden Morgen das Frühstück. Es gefiel ihr, einen jungen Menschen um sich zu haben. Sie brachte mir bei, wie man sich in der Stadt am besten bewegt: mit dem Tram. In Finnland kam man ohne Auto nirgends hin. Zum ersten Mal in meinem Leben benötigte ich hier keines, und das machte mich glücklich. Frau Singer gefiel meine Sprache sehr gut. Sie wollte ein paar finnische Wörter lernen. Ich lehrte sie, was ‹danke› und ‹bitte› heisst: ‹kiitos› und ‹olkaa hyvä›.

Bald fand ich eine eigene Wohnung. Jeden ersten Sonntag im Monat lud ich Frau Singer zum Kuchenessen ein. Diese ruhige, aber lebensfrohe Person wurde meine erste Freundin in der Schweiz. Sie hatte viel erlebt und war weit herumgekommen in der Welt. Davon erzählte sie mir. Sie war eine weise Frau. Die langen Gespräche verbesserten auch mein Deutsch.

Eines heissen Sommertags erschien Frau Singer nicht. Ich machte mir Sorgen und erfuhr, dass sie verunfallt war. Von da an besuchte ich sie jede Woche im Krankenhaus. Es ging ihr immer schlechter. Sie starb leider bald. Das tat mir sehr weh, denn ich mochte sie wirklich gern. Auch hatte ich ihr viel zu verdanken. Frau Singer hatte mir geholfen, mich in der Schweiz einzuleben. Die ältere Dame gab mir immer das Gefühl, willkommen zu sein.

Amina Rosenthal

Fragen und Aufgaben zum Text
1) Wohin wollte Oivi ursprünglich auswandern und warum? Weshalb kam sie dann in die Schweiz? Suche die Antworten auf die Fragen im Text. Schreibe die entsprechenden Stellen ab.
2) Oivi schreibt ein Abschiedsgedicht für ihre Freunde, bevor sie in die Schweiz reist. Das Gedicht lautet folgendermassen:
    Abschied
    Tut weh
    Tränen kommen viele
    Nachtschwarz ist mir zumute
    Weg
Sie möchte noch ein zweites Gedicht schreiben, aber es fällt ihr nichts mehr ein. Du kannst ihr helfen, indem du ein Gedicht mit fünf Zeilen nach demselben Muster verfasst:
    (ein Wort)
    (zwei Wörter)
    (drei Wörter)
    (vier Wörter)
    (ein Wort)
Du schreibst über Oivis Gefühle beim Weggehen. Ist sie nur traurig oder freut sie sich auch? Übrigens: Man nennt diese Gedichtform ‹Elfchen›. Kannst du dir vorstellen, weshalb?
3) Kennst du ältere Menschen? Denke an eine schöne Begegnung mit einem älteren Mann oder einer älteren Frau. Das kann deine Grossmutter, ein Nachbar oder eine Fremde im Tram sein. Hast du Lust, dieser Person einen Brief zu schreiben?
4) Was bedeutet «weise»? Erkläre den Ausdruck in deinen eigenen Worten. Schreibe die Erklärung auf ein Blatt. Befestigt die Erklärungen an der Wandtafel und vergleicht sie. Wie viele verschiedene Bedeutungen habt ihr in der Klasse gefunden? Nicht immer verstehen alle dasselbe unter dem gleichen Wort …

Oivi Vänskä Stucki (w)
1959 geboren, 48 Jahre alt, Finnland[5]

Zurück oder bleiben? ***

Anfangs fand ich die Schweiz[9] entzückend und niedlich. In Gärten und Vorgärten sah ich Beete mit schönen Blumen und Pflanzen. Sogar die Rabatten und Böschungen an den Strassen waren gepflegt. Alles schien mir so sauber.
Jetzt bin ich achtundvierzig Jahre alt. Ich bin mit einem Schweizer verheiratet und seit mehr als zwanzig Jahren hier.[19] Längst habe ich mich eingelebt. Aber ein Zuhause ist mir die Schweiz nicht geworden.

Es wird immer enger hier, scheint mir. Immer mehr Leute drängen sich ins Tram, und die Strassen sind voller Menschen. Da denke ich an früher.
Als Kinder hatten wir ganze Wälder zum Spielen, und im See badeten wir oft als einzige. In der Schweiz reiht sich ein Haus ans andere. Man muss immer Rücksicht nehmen aufeinander.
Die Enge hier macht die Menschen verschlossen. Sie sind froh, wenn sie sich im Tram einen Platz erobern können. Sie setzen sich und lesen missgelaunt die Zeitung. Viele verschliessen die Ohren mit Kopfhörern und lauter Musik.

Ich habe eine gute Arbeitsstelle.[19] Ich habe Deutsch gelernt und Freunde gefunden. Trotzdem fühle ich mich in der Schweiz nicht richtig heimisch.
Es wäre einfacher für mich in Finnland. Die Menschen dort sind nicht so kompliziert. Wenn uns früher abends langweilig war, besuchten wir einfach einen Nachbarn. Aber da, wo ich heute wohne, ist das undenkbar. Also sitze ich mit meinem Mann vor dem Fernseher.

Ich schaue mir jeden Film über Finnland an. Finnland ist auch nicht mehr so wie vor zwanzig Jahren. Es gleicht meinem Zuhause von damals immer weniger.

Manchmal blättere ich im Labor Zeitschriften durch und sehe mir Stellenangebote an. Es werden wieder mehr Leute gesucht, die an neuen Medikamenten forschen. Das wäre spannend. Kürzlich war in der Nähe meines Heimatdorfes eine Stelle ausgeschrieben. Zurück nach Finnland?
Mein Mann würde mitkommen. Aber soll ich es wagen?
Heute bin ich weniger abenteuerlustig. Wenn man jung ist, hat man mehr Mut.

Silvia Cartier

Fragen und Aufgaben zum Text
1) Hat sich Oivi entschieden, ob sie in der Schweiz bleibt oder nicht? Wenn du nicht sicher bist, lies den letzten Abschnitt noch einmal genau.
2) Wie verändert sich ein Land in zwanzig Jahren? Frage deine Eltern, was vor zwanzig Jahren in ihrem Herkunftsland anders war. Du kannst ein kurzes Interview mit ihnen machen. Schreibt in der Klasse gemeinsam mögliche Fragen auf.

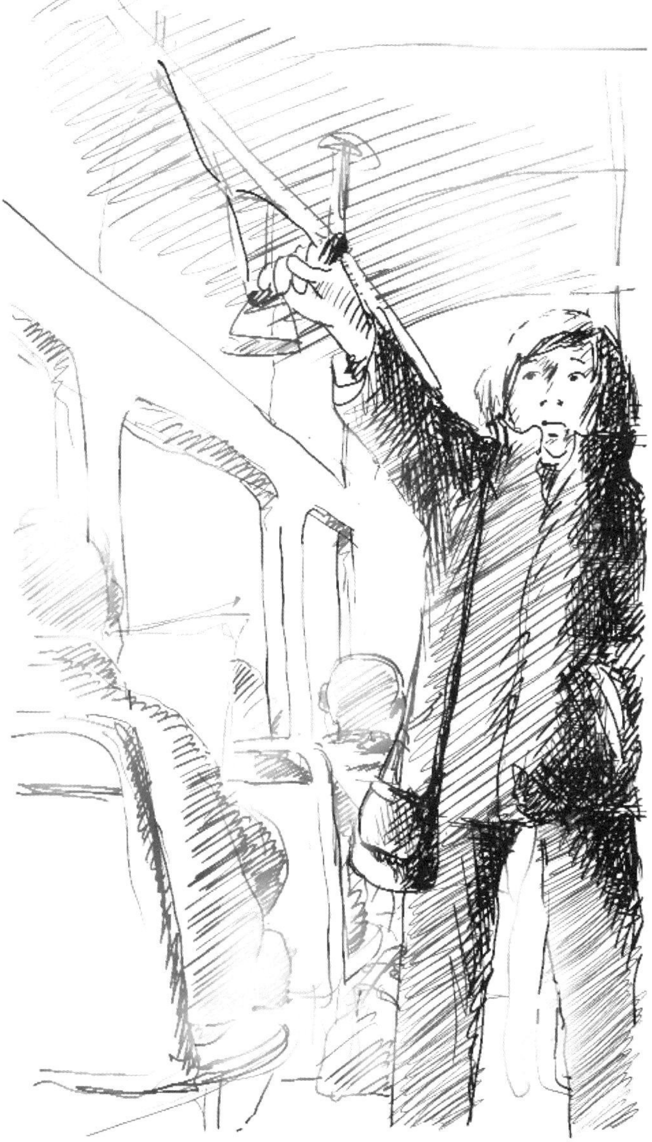

Die Menschen und ihre Geschichten besser verstehen: Informationen

Woher sie kommen und wohin sie reisen: Länder

Auf den fünf Kontinenten gibt es unzählige Länder in allen Grössen und mit den unterschiedlichsten Landschaften. Sie haben wechselvolle Geschichten, wachsen und schrumpfen durch Kriege oder werden einfach aufgeteilt. Sie machen sich unabhängig, nachdem sie als Kolonie einem anderen Staat gehört haben oder indem sie sich aus einem Staatenbund lösen. Sie wechseln die Regierungsform, die politische Orientierung und den Namen. Unten sind zwei Länder aufgeführt, die es nicht mehr gibt: Die Deutsche Demokratische Republik ist mit der Bundesrepublik Deutschland vereinigt, und Jugoslawien hat sich seit 1991 in sieben neue Einzelstaaten aufgelöst. Die Menschen spielen mit ihren Sprachen, Religionen und Ideen die Hauptrolle in diesen wechselvollen Geschichten. Aber auch die Wirtschaft hat einen grossen Einfluss: Je mehr Güter herstellt und Dienstleistungen angeboten werden, desto mehr können die Menschen verkaufen und verbrauchen.

[1] **Bosnien und Herzegowina,** siehe auch Jugoslawien[6]
Die demokratische föderative Republik ‹Bosna i Hercegovina› liegt im Nordwesten der Balkanhalbinsel in Südosteuropa. Hauptstadt ist Sarajevo. Das Land ist 51'129 km^2 gross und in drei Gebiete aufgeteilt: die Bosniakisch-Kroatische Föderation, die Serbische Republik und den Brčko-Distrikt.
In Bosnien und Herzegowina leben 3,9 Millionen Einwohnerinnen und Einwohner. Die Bevölkerung besteht aus Bosnierinnen (48%), Serben (37%) und Kroatinnen (14%). Amts- und Nationalsprachen sind Bosnisch, Kroatisch und Serbisch. Der Islam[17] (43%) und das Christentum[15] (31% orthodox, 17% katholisch) sind die Hauptreligionen.
Bosnien und Herzegowina gehörte von 1918 an zu Jugoslawien. Ab 1991 lösten sich vier Teilrepubliken von Jugoslawien: Bosnien und Herzegowina forderte die Unabhängigkeit am 1. März 1992 (Nationalfeiertag). Das akzeptierte Serbien nicht und schickte die serbisch-jugoslawische Armee in die Gebiete. Viele Flüchtlinge retteten sich ins Ausland. Der Bürgerkrieg wurde mit Hilfe von internationalen Truppen (NATO) 1995 beendet.

Das gebirgige Bosnien und Herzegowina hat viele Wälder. Der Fluss Sava (deutsch: Save) bildet die Grenze zu Kroatien im Nordosten. Das Land lebt vor allem von der Landwirtschaft und war schon vor dem Bürgerkrieg arm. Jetzt ist es von ausländischer Unterstützung abhängig. Die Geldwährung heisst Konvertible Mark.

² **Chile**
Die Republik ‹Chile› liegt im Südwesten Südamerikas am Pazifischen Ozean auf der südlichen Erdhalbkugel. Hauptstadt ist Santiago de Chile. Das Land ist 756'096 km² gross und in 16 Regionen unterteilt.
Chile hat 16,1 Millionen Einwohnerinnen und Einwohner. Die Chileninnen und Chilenen sind ein Volk mit europäischen und indianischen Vorfahren. Amts- und Nationalsprache ist Spanisch. Das Christentum[15] (70% katholisch, 15% protestantisch) ist die Hauptreligion.
Chile war lange eine spanische Kolonie. Am 18. September 1810 (Nationalfeiertag) begann es sich von Spanien zu lösen. 1818 wurde der Staat unabhängig. 1973 übernahm das Militär unter General Augusto Pinochet die Macht. Staatspräsident Pinochet regierte allein und liess Andersdenkende foltern und töten. 1989 kehrte der Staat zur Demokratie zurück.
Das lange, schmale Land erstreckt sich von der Atacamawüste im Norden bis zum regenreichen und kühlen Patagonien mit seinen Gletschern nahe der Antarktis im Süden. Im Osten verläuft die Gebirgskette der Anden. Im Dezember steht die Sonne am höchsten. Chile ist das reichste Land Südamerikas. Es verfügt über Bodenschätze wie Kupfer, Gold und Silber. Eine wichtige Rolle spielen auch Forstwirtschaft, Fischerei und Landwirtschaft. Die Geldwährung heisst Chilenischer Peso.

³ **Deutsche Demokratische Republik (DDR),** siehe auch Deutschland[4]
Die Deutsche Demokratische Republik lag im Osten Deutschlands. Hauptstadt war (Ost-)Berlin. Das Land war 108'179 km² gross und umfasste 15 Bezirke.
Die Deutsche Demokratische Republik hatte 6,35 Millionen Einwohnerinnen und Einwohner. Hier lebten hauptsächlich Deutsche. Amts- und Nationalsprache war Deutsch. Hauptreligion war das Christentum[15] (25% protestantisch, 5% katholisch), die meisten Menschen bekannten sich aber nicht mehr dazu (70%).
Deutschland war vom 7. Oktober 1949 (Nationalfeiertag der DDR) bis zum 3. Oktober 1990 in zwei Staaten aufgeteilt: in die Bundesrepublik Deutschland (BRD, Westdeutschland) und in die Deutsche Demokratische Republik (DDR, Ostdeutschland). Die DDR stand unter dem Einfluss der Sowjetunion.

Das Verhältnis von Ost und West war lange sehr gespannt. In der geteilten Hauptstadt Berlin wurde 1961 eine Mauer gebaut. Die Grenzen der DDR waren stark gesichert und kontrolliert. Der Landstreifen zwischen zwei Grenzposten, das Niemandsland, wurde von bewaffneten Soldaten bewacht. Der Staat kontrollierte auch die Bevölkerung stark. In den 1980er-Jahren verbesserte sich das Verhältnis zwischen Ost und West. Die Bevölkerung der DDR erreichte mit friedlichen Massendemonstrationen eine Öffnung zum Westen: 1989 fiel die Berliner Mauer. Am 3. Oktober 1990 fand die Wiedervereinigung der beiden deutschen Staaten statt.
Die DDR verfügte über Bodenschätze, Industrie und Landwirtschaft. Da sie aber nur mit dem Osten handelte, konnte die Bevölkerung viele Dinge gar nicht oder nur selten kaufen. Am Zoll wurde streng kontrolliert, was ins Land eingeführt wurde. Es gab viele verbotene Waren. Dazu gehörten westliche Bücher, Zeitungen, Zeitschriften und sogar Schallplatten. Die Geldwährung hiess Mark der DDR.

4 Deutschland (BRD), siehe auch Deutsche Demokratische Republik[3]
Die Bundesrepublik Deutschland liegt in Mitteleuropa auf der nördlichen Erdhalbkugel. Hauptstadt ist Berlin. Das Land ist 357'030 km² gross und in 16 Bundesländer unterteilt. Deutschland ist Mitgliedstaat der Europäischen Union (EU).
Deutschland hat 82,5 Millionen Einwohnerinnen und Einwohner. Die Bevölkerung besteht hauptsächlich aus Deutschen (91%) sowie eingewanderten Türkinnen, Italienern, Polinnen und Griechen (8,8%). Amts- und Nationalsprache ist Deutsch. Viele Einwanderer sprechen zudem ihre Nationalsprache. Hauptreligion ist das Christentum[15] (32% katholisch, 31% protestantisch), Minderheiten bekennen sich zum Islam[17] und anderen Religionen.
Das Deutsche Kaiserreich verlor den Ersten Weltkrieg (1914–1918) und wurde 1919 zu einer demokratischen Republik. 1933 kam Adolf Hitler (1889–1945) an die Macht. Er führte Deutschland an der Spitze der bald allein herrschenden Partei der Nationalsozialisten in den Zweiten Weltkrieg (1939–1945). Dieser Krieg kostete 55 bis 60 Millionen Menschen das Leben. Die USA, Grossbritannien, Frankreich und die Sowjetunion besiegten und besetzten Deutschland 1945. Die Siegermächte begründeten 1949 zwei deutsche Staaten: Im Westen entstand die Bundesrepublik Deutschland (BRD), im Osten die Deutsche Demokratische Republik (DDR[3]), die Hauptstadt Berlin wurde aufgeteilt. Die BRD hatte rasch wirtschaftlichen Erfolg. Das Verhältnis zur DDR und zur Sowjetunion war lange sehr gespannt. Am 3. Oktober 1990 (Nationalfeiertag) fand die Wiedervereinigung der beiden deutschen Staaten statt.

Deutschland wird von Süden nach Norden immer flacher: Auf die Alpen folgen die Mittelgebirge, die in eine Tiefebene münden. Diese grenzt an die Nord- und die Ostsee. Für die starke Wirtschaft sind Industrie und Dienstleistungen hauptverantwortlich. Bodenschätze und Landwirtschaft spielen ebenfalls eine Rolle. Deutschland ist eines der reichsten Länder der Welt. Die Geldwährung heisst Euro, bis 2002 war es die Deutsche Mark.

5 **Finnland**
Die parlamentarische Republik ‹Suomi› liegt ganz im Norden Europas an der Ostsee. Hauptstadt ist Helsinki. Das Land ist 338'144 km^2 gross und in sechs Provinzen unterteilt. Finnland ist Mitgliedstaat der Europäischen Union (EU). Finnland hat 5,2 Millionen Einwohnerinnen und Einwohner. Die Bevölkerung besteht hauptsächlich aus Finninnen und Finnen. Schwedinnen, Samen und Russinnen sind Minderheiten. Amts- und Nationalsprachen sind Finnisch (91,7%) und Schwedisch (5,5%). Das Christentum[15] ist die Hauptreligion (83% protestantisch, 1,1% orthodox).
Finnland gehörte bis zum 6. Dezember 1917 (Nationalfeiertag) zu Russland. Im Zweiten Weltkrieg kämpfte es sowohl gegen die Sowjetunion wie gegen Deutschland.
Ein Drittel Finnlands liegt nördlich des Polarkreises. Das flache Land hat unzählige Seen und sehr viel Wald. Holz und Papier sind für die Wirtschaft wichtig. Die Elektronikindustrie spielt eine noch grössere Rolle. Die Geldwährung heisst Euro, bis 2002 war es die Finnische Mark.

6 **Jugoslawien,** siehe auch Bosnien und Herzegowina[1] und Kroatien[7]
Die Sozialistische Föderative Republik ‹Jugoslavija› lag im Westen der Balkanhalbinsel in Südosteuropa am Mittelmeer. Hauptstadt war Belgrad. Das Land war 255'804 km^2 gross und bestand aus den sechs Republiken Slowenien, Kroatien,
Bosnien und Herzegowina, Montenegro, Serbien und Mazedonien sowie den zu Serbien gehörenden autonomen Provinzen Kosovo und Vojvodina. Jugoslawien hatte 23,5 Millionen Einwohnerinnen und Einwohner. Die Bevölkerung bestand aus Serbinnen (36,3%), Kroaten (19,7%), Bosnierinnen (8,9%), Slowenen (7,8%), Albanerinnen (7,7%), Mazedoniern (5,9%), Montenegrinerinnen (2,5%) und vielen Minderheiten. Amts- und Nationalsprachen waren Serbokroatisch, Slowenisch und Mazedonisch. Das Christentum[15] (41,5% orthodox, 31,8% katholisch) und der Islam[17] (12,3%) waren die Hauptreligionen.
Jugoslawien entstand 1918 als Königreich und wurde am 29. November 1943 (Nationalfeiertag) zu einer Volksrepublik. Der Präsident Josip Broz

(1892–1980), genannt Tito, regierte streng und hielt den Vielvölkerstaat zusammen. Nach seinem Tod 1980 wuchs der Wunsch nach Unabhängigkeit in den Teilrepubliken Slowenien, Kroatien, Bosnien und Herzegowina und Mazedonien. Ab 1991 erklärten sie sich zu unabhängigen Staaten. Das führte zu einem Bürgerkrieg, weil Serbien damit nicht einverstanden war. Erst 1995 wurde mit internationaler Hilfe Frieden geschlossen. Seit 1992 gibt es das ursprüngliche Jugoslawien nicht mehr. 2006 hat sich auch Montenegro als unabhängig erklärt, 2008 die ehemals serbische Provinz Kosovo.
Jugoslawiens Wirtschaft stützte sich auf Landwirtschaft, Bodenschätze, Tourismus und Industrie. Die Geldwährung hiess Jugoslawischer Dinar.

[7] **Kroatien,** siehe auch Jugoslawien[6]
Die parlamentarische Republik ‹Hrvatska› liegt im Nordwesten der Balkanhalbinsel in Südosteuropa am Mittelmeer. Hauptstadt ist Zagreb. Das Land ist 56'542 km^2 gross und in 21 Gespanschaften unterteilt.
Kroatien hat 4,4 Millionen Einwohnerinnen und Einwohner. Die Bevölkerung besteht zu 89,6% aus Kroatinnen und Kroaten, die grösste Minderheit sind Serben (5%). Amtssprache ist Kroatisch. Das Christentum[15] ist die Hauptreligion (87,8% katholisch, 4,4% orthodox). Minderheiten bekennen sich zum Islam[17].
Kroatien gehörte von 1918 an zu Jugoslawien. Ab 1991 wollten die Teilrepubliken Kroatien, Bosnien und Herzegowina, Slowenien und Mazedonien unabhängig werden. Das akzeptierte Serbien nicht und schickte die serbisch-jugoslawische Armee in die Gebiete. Viele Menschen flüchteten. Der Bürgerkrieg wurde mit Hilfe von internationalen Truppen (NATO) am 25. August 1995 beendet (Nationalfeiertag).
Kroatien hat eine lange Küste an der Adria mit vielen Inseln. Das Landesinnere ist gebirgig. Neben der Landwirtschaft ist vor allem der Tourismus wichtig für die Wirtschaft. Kroatien ist recht arm und leidet immer noch an den Folgen des Krieges. Die Geldwährung heisst Kuna.

[8] **Peru**
Die Präsidialrepublik ‹Perú› liegt im Westen Südamerikas am Pazifischen Ozean auf der südlichen Erdhalbkugel. Hauptstadt ist Lima. Das Land ist 1'300'000 km^2 gross und in 24 Departemente unterteilt.
Peru hat 27,6 Millionen Einwohnerinnen und Einwohner. Die Bevölkerung ist zu 45% indianischer Abstammung (40% Ketschua, 5% Aimará), 37% sind Mestizen (Mischlinge) und 15% europäischer Herkunft. Minderheiten haben afrikanische und asiatische Vorfahren. Amts- und Nationalsprachen sind Spa-

nisch, Ketschua und Aimará. Das Christentum[15] ist die Hauptreligion (93% katholisch, 5% protestantisch).

Das ehemalige Inkareich war bis zum 28. Juli 1821 (Nationalfeiertag) eine spanische Kolonie. Danach regierte oft das Militär. Zwischen 1980 und 2000 herrschte ein Bürgerkrieg zwischen der Regierung und einer politisch anders denkenden, bewaffneten Gruppe (Guerilla).

An den schmalen Küstenstreifen im Westen grenzt die Gebirgskette der Anden. Dieses riesige Hochland senkt sich im Nordosten zum Amazonastiefland mit Regenwald. Peru ist reich an Bodenschätzen. Die Hälfte der Bevölkerung ist jedoch sehr arm und lebt von der Landwirtschaft. Um mehr zu verdienen, bauen viele die Kokapflanze an, aus der die verbotene Droge Kokain hergestellt wird. Die Geldwährung heisst Neuer Sol.

[9] Schweiz

Die Schweiz / ‹Suisse› /‹Svizzera› / ‹Svizra› ist ein parlamentarischer Bundesstaat und liegt in Mitteleuropa. Hauptstadt ist Bern. Das Land ist 41'285 km^2 gross und in 26 Kantone unterteilt.

Die Schweiz hat 7,4 Millionen Einwohnerinnen und Einwohner. Die Bevölkerung besteht hauptsächlich aus Schweizerinnen und Schweizern. Minderheiten sind aus Italien, Serbien und Kosovo, Portugal und Deutschland eingewandert (20,7%).

Amtssprachen sind Deutsch (63,7%), Französisch (20,4%), Italienisch (6,5%) und Rätoromanisch (0,5%). Neben diesen Nationalsprachen werden viele andere gesprochen. Das Christentum[15] ist die Hauptreligion (42% katholisch, 35% protestantisch). Minderheiten bekennen sich zum Islam[17] und anderen Religionen.

Die Schweizerische Eidgenossenschaft gibt es seit 1291. Daran erinnert der Bundesfeiertag am 1. August (Nationalfeiertag). Seit 1848 ist die Schweiz ein moderner Bundesstaat mit direkter Demokratie. Die beiden Weltkriege hat sie als neutrales Land ohne Kämpfe gut überstanden.

Die hohen Alpen und der Jura bestimmen die Landschaft der Schweiz. Dazwischen liegt das Mittelland mit Seen und Flüssen. Für die starke Wirtschaft sind Industrie, Banken und Tourismus hauptverantwortlich. Die Landwirtschaft spielt keine grosse Rolle mehr. Die Schweiz ist eines der reichsten Länder der Welt. Die Geldwährung heisst Schweizer Franken.

[10] Simbabwe

Die Präsidialrepublik ‹Zimbabwe› liegt im Südosten Afrikas auf der südlichen Erdhalbkugel. Hauptstadt ist Harare. Das Land ist 390'757 km^2 gross und in zehn Provinzen unterteilt.

Simbabwe hat 12,9 Millionen Einwohnerinnen und Einwohner. Die Bevölkerung besteht aus Schona (80%) und Ndebele (15%). Minderheiten haben europäische Vorfahren. Amtssprache ist Englisch. Nationalsprachen sind Schona (70%) und Ndebele (20%). Hauptreligionen sind das Christentum[15] (55%) und traditionelle Religionen.

Die Kolonie Südrhodesien löste sich 1965 von Grossbritannien. Eine weisse Minderheit regierte Rhodesia auch danach noch und stürzte das Land in einen Bürgerkrieg. Erst am 18. April 1980 (Nationalfeiertag) wurde der Staat unabhängig. Obwohl Simbabwe eine demokratische Republik ist, regiert seit 1980 Präsident Robert Mugabe allein. Er vertrieb die weissen Siedler, erträgt aber auch keine schwarzen Kritiker und unterdrückt die Ndebele. Obwohl er die Wahlen 2008 nicht mehr gewonnen hat, versucht er, an der Macht zu bleiben.

Simbabwe ist ein Hochland mit Savannen und lichten Wäldern und liegt zwischen zwei Flusstälern. Im Dezember steht die Sonne am höchsten, dann ist Regenzeit. Im Juni herrscht die winterliche Trockenzeit. Simbabwe verfügt über Bodenschätze und betreibt Landwirtschaft. Das Land ist sehr arm. Die Geldwährung heisst Simbabwe-Dollar.

11 Spanien

Die parlamentarische Monarchie ‹España› liegt im Südwesten Europas auf der iberischen Halbinsel zwischen Mittelmeer und Atlantischem Ozean. Zwei Städte in Nordafrika und Inseln vor der afrikanischen Küste gehören auch zu Spanien. Hauptstadt ist Madrid. Das Land ist 504'645 km² gross und in 19 autonome Regionen unterteilt. Spanien ist Mitgliedstaat der Europäischen Union (EU).

Spanien hat 42,7 Millionen Einwohnerinnen und Einwohner. Die Bevölkerung besteht hauptsächlich aus Spanierinnen und Spaniern. Minderheiten sind aus Marokko, Rumänien und Südamerika eingewandert (9,9%). Amts- und Nationalsprachen sind Spanisch (Kastilisch), Katalanisch, Galicisch und Baskisch. Das Christentum[15] ist die Hauptreligion (80% katholisch).

Spanien war eine Seefahrernation. In ihrem Auftrag entdeckte Christoph Kolumbus am 12. Oktober 1492 Amerika (Nationalfeiertag). Dank seiner Eroberungen in der neuen Welt wurde das Königreich riesig. Zu seinen vielen Kolonien gehörten auch Chile und Peru, die sich aber vor bald 200 Jahren unabhängig machten. Nach fast hundert Jahren mit Kriegen, Bürgerkriegen und vielen Regierungswechseln herrschte General Francisco Franco ab 1939 allein. Erst nach seinem Tod 1975 wurde Spanien wieder ein demokratischer Staat.

Spanien ist ein gebirgiges Land. Die Pyrenäen begrenzen es im Norden. Andere Gebirgszüge umschliessen Hochebenen. Die Küsten sind im Norden schroff, im Süden und Osten sanfter. Die Landwirtschaft spielt eine grosse Rolle, Industrie und Tourismus werden immer wichtiger. Die Geldwährung heisst Euro, bis 2002 war es die Peseta.

[12] **Sri Lanka**

Die Präsidialrepublik ‹Sri Lanka› ist ein Inselstaat im Süden Asiens. Sie liegt südlich von Indien im Indischen Ozean. Hauptstadt ist Colombo. Das Land ist 65'610 km^2 gross und in neun Provinzen unterteilt.

Sri Lanka hat 19,4 Millionen Einwohnerinnen und Einwohner. Die Bevölkerung besteht zu 74% aus Singhalesinnen und Singhalesen sowie zu 18% aus Tamilinnen und Tamilen. Minderheiten sind europäischer, arabischer oder malaiischer Abstammung. Amts- und Nationalsprachen sind Singhalesisch (74%) und Tamil (18%). Der Buddhismus (69,3%) und der Hinduismus[16] (15,5%) sind die Hauptreligionen. Minderheiten bekennen sich zum Islam[17] (7,6%) und zum Christentum[15] (7,5%).

Die britische Kolonie Ceylon wurde am 4. Februar 1948 unabhängig (Nationalfeiertag). In Sri Lanka herrscht seit 1983 ein Bürgerkrieg zwischen den hinduistischen Tamilen und den buddhistischen Singhalesen. Die Tamilinnen und Tamilen fordern einen eigenen Staat im Norden. Viele Flüchtlinge retten sich ins Ausland.

Die Insel senkt sich von einem Hochland mit tropischem Regenwald im Süden in eine weite Ebene gegen Norden. Neben Bodenschätzen spielen die Landwirtschaft mit Gewürz- und Teeanbau sowie der Tourismus eine wirtschaftliche Rolle. Die Geldwährung heisst Sri-Lanka-Rupie.

[13] **Togo**

Die Präsidialrepublik ‹Togo› liegt in Westafrika und grenzt mit einem schmalen Küstenstreifen an den Golf von Guinea im Atlantischen Ozean. Hauptstadt ist Lomé. Das Land ist 56'785 km^2 gross und in fünf Regionen unterteilt.

Togo hat 6 Millionen Einwohnerinnen und Einwohner. Sie gehören rund 40 Völkern an. Die grössten Bevölkerungsgruppen sind Ewe-Adja (40,1%), Temba-Kabre (23,1%) und Akebou (13,2%). Amtssprache ist Französisch. Die verbreitetsten Nationalsprachen sind Kabyé und Ewe. Traditionelle Religionen (50%), Christentum[15] (30%) und Islam[17] (20%) sind die Hauptreligionen.

Die deutsche Kolonie Togoland wurde im Ersten Weltkrieg zwischen Frankreich und Grossbritannien aufgeteilt. Am 27. April 1960 machte sich das von

Frankreich verwaltete Togoland im Osten unabhängig (Nationalfeiertag). Obwohl Togo eine demokratische Republik ist, regiert seit 1967 die Familie Gnassingbé allein. Dagegen lehnen sich immer wieder Menschen auf.
Im Westen erstreckt sich ein Gebirgszug, der grösste Teil des Landes ist Savanne. Togo lebt von wenig Bodenschätzen und Landwirtschaft und ist eines der ärmsten Länder der Welt. Die Geldwährung heisst CFA-Franc.

14 Türkei

Die parlamentarische Republik ‹Türkiye› liegt ganz im Westen Asiens auf der Halinsel Anatolien zwischen Mittelmeer und Schwarzem Meer. Ein kleines Stück gehört zu Europa. Hauptstadt ist Ankara. Das Land ist 779'452 km² gross und in 81 Provinzen unterteilt.
Die Türkei hat 71,7 Millionen Einwohnerinnen und Einwohner. Die Bevölkerung besteht aus Türkinnen und Türken (80%), Kurdinnen und Kurden (15%) und verschiedenen Minderheiten. Amts- und Nationalsprache ist Türkisch. Der Islam[17] ist die Hauptreligion (70% sunnitisch, 15% alevitisch). Nach dem Ersten Weltkrieg wurde aus dem Osmanischen Reich am 29. Oktober 1923 (Nationalfeiertag) die Türkische Republik. Ihr Begründer und erster Präsident Mustafa Kemal (1881–1938), genannt ‹Atatürk› (Vater der Türken), modernisierte den Staat nach europäischem Vorbild. Nach seinem Tod gab es mehrere Bürgerkriege und Militärregierungen. Der türkische Staat befürchtet seit langem, dass die Kurdinnen und Kurden einen eigenen Staat gründen könnten. Deshalb unterdrückt er die kurdische Kultur und bekämpft die kurdische Politik. Die kurdische Sprache (Kurmandschi, 16%) ist inzwischen nicht mehr verboten. Die Kurden leben in der Türkei, im Iran, Irak und in Syrien. Sie sind das grösste Volk der Welt, das keinen eigenen Staat hat.
Die Türkei hat eine lange Küste am Mittelmeer. Im Landesinnern erstreckt sich das karge anatolische Hochland bis zu den Gebirgen im Osten. Dort leben die Menschen von der Landwirtschaft und sind arm. An der Küste gibt es viel Tourismus und im reicheren Westen Industrie. Die Geldwährung heisst Neue Türkische Lira.

Woran sie glauben: Religionen

Warum sind wir auf der Welt? Warum gibt es so viel Leid und Ungerechtigkeit? Was geschieht mit uns, wenn wir sterben?
Religionen geben Antworten auf solche Lebensfragen. Sie haben viele Formen. In manchen gibt es einen einzigen Gott, in anderen viele verschiedene Gottheiten. Die Menschen sprechen zu diesen übernatürlichen Kräften im Gebet, ehren sie mit Opfergaben und halten sich an ihre Gebote. Die drei grössten Religionen sind das Christentum, der Islam und der Hinduismus. Alle lehren das friedliche Zusammenleben der Menschen, und doch bekämpfen sich ihre Anhänger immer wieder.

[15] Christentum
Die Christinnen und Christen glauben an einen Gott und an Jesus von Nazareth, Christus genannt, der vor über 2000 Jahren als Gottes Sohn geboren wurde. Er hat mit seinem Tod und seiner Auferstehung nach dem Tod die Menschen vom Bösen erlöst. Jesus war jüdischen Glaubens und lehrte die Menschen Vertrauen zu Gott sowie Frieden, Nächstenliebe und Mitleid untereinander. Die Zehn Gebote des Judentums haben die Christinnen übernommen. Ansonsten gibt es kaum Vorschriften im Christentum.
Die heilige Schrift der Christen ist die Bibel mit dem Neuen Testament (Leben und Lehren von Jesus) und dem Alten Testament (heilige Bücher des Judentums).
Im Christentum gibt es verschiedene Glaubensrichtungen (Konfessionen). Die grössten sind die römisch-katholische Kirche (Oberhaupt ist der Papst), die orthodoxen und die protestantischen Kirchen. Katholikinnen und Orthodoxe beten ausser zu Gott und Christus auch zu seiner Mutter Maria und vielen Heiligen. Laurentius beispielsweise war ein wichtiger Kirchenmann in Rom. Der andersgläubige römische Kaiser forderte das Vermögen der christlichen Kirche für sich. Da verteilte es Laurentius an die Armen. Dafür wurde er vom Kaiser zum Tod auf einem Rost über dem Feuer verurteilt. Diesen qualvollen Tod erlitt er am 10. August. Weil er für seinen Glauben starb, wurde er zum Wunder wirkenden Heiligen.
Der Sonntag ist der Tag der Ruhe und des Glaubens. In der Kirche findet der Gottesdienst statt. Glocken rufen die Gläubigen. Der Priester oder Pfarrer betet und singt mit der Gemeinde, liest aus der Bibel vor und predigt. Es wird auch Geld gesammelt. Diese Kirchenkollekte wird oft einer Hilfsorganisation gespendet.

Religiöse Rituale begleiten den Lebenslauf. Kleinkinder werden durch die Taufe in die christliche Glaubensgemeinschaft aufgenommen. Diese Glaubenszugehörigkeit bestätigen sie als Jugendliche bei der Firmung (katholisch) oder der Konfirmation (protestantisch). Viele Christinnen und Christen heiraten in der Kirche.

Die wichtigsten Feste sind die Geburt Jesu an Weihnachten und die Osterzeit, in der Christus am Kreuz starb und auferstand. Manche Gläubige fasten vom Aschermittwoch (Ende der Fastnacht) bis zum Ostersonntag.

[16] Hinduismus

Der Hinduismus entstand um 600 vor Christus in Indien. Die Hindus verehren eine Vielzahl von Göttern, Göttinnen und Geistern. Alle haben ihre Zuständigkeit: zum Beispiel Agni für das Feuer, Brahma für die Schöpfung der Welt, Indra für Krieg und Regen, Lakshmi für das Wohlergehen. Das Leben auf der Welt wird bestimmt durch einen ewigen Leidens-Kreislauf von Geburt, Tod und Wiedergeburt. Als was man wiedergeboren wird – als Pflanze, Tier, Mensch oder Gott – entscheidet das Karma, eine Art Konto, auf dem die guten und schlechten Taten zusammengetragen werden. Wer in seinem Leben viel Gutes tut, wird eher als Mensch wiedergeboren. Vielleicht sogar in einer besseren Gesellschaftsschicht. Die hinduistische Gesellschaft ist nämlich streng hierarchisch unterteilt. Diese Unterteilung nennt man Kasten. Irgendwann wird der Mensch vielleicht gar nicht mehr wiedergeboren. Dann ist er von allem Leid erlöst.

Die heiligen Schriften der Hindus sind die Veden. Sie enthalten Göttergeschichten und Gebete. Daneben gibt es viele weitere heilige Texte. Der Hinduismus hat viele verschiedene Traditionen und entsprechend viele Rituale und Lebensvorschriften. Wie und was man genau glauben soll, steht nirgends festgeschrieben. Der Freitag ist der Tag des Glaubens. Es gibt aber keinen organisierten Gottesdienst.

Die Hindus beten, meditieren und opfern vor dem mit Blumen geschmückten Hausaltar oder im Tempel. Sie fasten manchmal und pflegen die Gastfreundschaft. Viele baden einmal im Leben im heiligen Fluss Ganges (Indien), um sich von Schuld reinzuwaschen. Da die Kuh als Symbol des Lebens heilig ist, darf sie nicht getötet werden. Viele Hindus essen überhaupt kein Fleisch und trinken keinen Alkohol.

Viele Rituale begleiten den Lebenslauf. Das Kleinkind erhält seinen Namen im Tempel, der erste Bissen feste Nahrung wird gefeiert, der erste Haarschnitt, der erste Zahn. Hindus heiraten im Tempel.

Die wichtigsten Feste sind das Frühlingsfest Holi, an dem das Böse mit dem Verstreuen und Verteilen von Farbe vertrieben wird, und das Lichterfest

Divali zu Herbstbeginn. Die Hindus reinigen das Haus, stellen Lichter auf, machen einen Umzug mit Lichtern und lassen diese dann auf den Gewässern fort schwimmen.

17 Islam
Die Muslimas und Muslime glauben an einen Gott, auf arabisch ‹Allah›, der dem Propheten Mohammed im 7. Jahrhundert seine Lehre verkündete. Mohammed wurde in Mekka (Saudiarabien) geboren, die deshalb die heiligste Stadt der Muslime ist. Islam bedeutet «Hingabe an Gott». Allah fordert von den Menschen Gerechtigkeit, Freigebigkeit, Gehorsam, Dankbarkeit, Geduld, Beharrlichkeit, Solidarität und Aufrichtigkeit. Gläubige Muslimas und Muslime halten die «fünf Säulen des Islam» ein: Sie bekennen sich zu Allah, beten täglich fünfmal nach Mekka gewandt und geben den Armen Spenden. Im Monat Ramadan fasten sie von Sonnenaufgang bis Sonnenuntergang. Einmal im Leben machen sie eine Pilgerreise nach Mekka. Religiöse Gebote, Scharia genannt, regeln das Leben. So ist es beispielsweise verboten, Schweinefleisch zu essen und Alkohol zu trinken. Bilder von Gott oder Menschen sind nicht erlaubt.
Die heilige Schrift des Islam ist der Koran, der Allahs Botschaften an Mohammed und seine Gebote enthält. Die Sunna, eine Sammlung der Aussprüche Mohammeds, ist für die nach ihr benannte sunnitische Glaubensrichtung heilig.
Im Islam gibt es verschiedene Glaubensrichtungen. Die grössten Gemeinschaften bilden die Sunnitinnen (90%) und die Schiiten (10%, vor allem im Iran und Irak). Beide halten ihr Oberhaupt für den rechtmässigen Nachfolger Mohammeds. Die Aleviten anerkennen wie die Schiitinnen nur in den Nachfolgern von Ali, dem Schwiegersohn Mohammeds, die rechtmässigen Oberhäupter. Aber sie fassen den Koran nicht wörtlich auf, befolgen die «fünf Säulen» nicht und besuchen keine Moscheen. Tanz, Musik und Gedichte spielen in ihrem Gottesdienst eine wichtige Rolle.
Der Freitag ist der Tag der Ruhe und des Glaubens. Der Muezzin ruft von einem Turm (Minarett) zum Gebet. Die Gläubigen kommen zur Moschee, waschen sich und ziehen die Schuhe aus, bevor sie eintreten. Der Imam betet vor, und der Chatib predigt.
Im Lebenslauf der Muslimas und Muslime gibt es nur wenig festgelegte Rituale. Den meisten Jungen wird ein Stück der Penisvorhaut entfernt. Die Beschneidung ist ein grosses Familienfest, an dem die Jungen meist wie Prinzen gekleidet und mit Süssigkeiten getröstet werden. Oft schliesst der Imam die Ehe.

Die wichtigsten Feste sind das Opferfest und das Zuckerfest. Am Opferfest werden im Gedenken an Abraham, der Gott fast seinen Sohn geopfert hatte, Lämmer dargebracht. Das Fleisch wird an Verwandte, Freunde und Arme verteilt. Das Zuckerfest beendet den Fastenmonat Ramadan. Die Gläubigen besuchen sich gegenseitig und schenken einander Kuchen und Süssigkeiten. Auch die Armen werden nicht vergessen.

Wie sie in die Schweiz kommen und warum sie bleiben: Einwanderung

Es gibt viele Gründe, warum Menschen ihr Geburts- oder Heimatland verlassen und in die Schweiz kommen. Viele machen Ferien oder eine Ausbildung und kehren bald wieder zurück. Manche arbeiten für eine internationale Firma und erhalten in der Schweizer Niederlassung eine Stelle. Einige heiraten. Viele suchen in der reichen und friedlichen Schweiz eine gut bezahlte Arbeit und erhoffen sich ein besseres Leben als in ihrem Herkunftsland. Denn in vielen Ländern gibt es nur wenig und schlecht bezahlte Arbeit, vor allem in den ländlichen Regionen. Manche fliehen aus ihrem Herkunftsland vor Krieg oder anderen Bedrohungen und suchen Schutz in der Schweiz. Flüchtlinge finden hier schon sehr lange Zuflucht. Seit den 1950er-Jahren kommen auch ausländische Arbeitskräfte. Es sind so viele Menschen, die mit ganz unterschiedlichen Voraussetzungen in die Schweiz kommen, dass der Staat die Einwanderung mit Gesetzen und Aufenthaltsbewilligungen immer wieder neu regelt. Wichtig dabei ist auch, wie viele Arbeitskräfte die Wirtschaft braucht.

[18] In der Schweiz zu Besuch
Wer in die Schweiz reisen will, um Land und Leute als Touristin kennenzulernen, Freunde zu besuchen oder sich weiterzubilden, braucht einen Pass seines Herkunftslandes und oft auch ein Visum von der Schweiz. Darin wird die Ein- und Ausreise festgelegt.
So ein Aufenthalt in der Schweiz darf höchstens drei Monate dauern. Will jemand länger bleiben oder arbeiten, braucht er oder sie eine Aufenthaltsbewilligung.

[19] In der Schweiz arbeiten und leben
Wer in der Schweiz arbeiten und leben will, muss eine Aufenthaltsbewilligung haben. Die Schweiz braucht viele ausländische Arbeitskräfte. Deshalb

sind ein Arbeitsvertrag und eine Arbeitsbewilligung wichtig für die verschiedenen Aufenthaltsbewilligungen.

Am einfachsten ist das Einwandern für Menschen aus der Europäischen Union (EU). Dank der so genannten ‹Personenfreizügigkeit›, einem Abkommen zwischen der EU und der Schweiz, können Bürgerinnen und Bürger aus diesen Ländern seit 2007 ohne Aufenthaltsbewilligung einreisen. Sie haben sechs Monate Zeit, eine Arbeit zu finden. Mit dem Arbeitsvertrag erhalten sie automatisch eine Aufenthaltsbewilligung. Das gilt auch umgekehrt für Schweizerinnen und Schweizer in den EU-Ländern.

- Kurzaufenthalt: Die Bewilligung L ist weniger als ein Jahr gültig, kann aber verlängert werden. Diese Bewilligung erhalten Ausländerinnen und Ausländer mit einem befristeten Arbeitsvertrag und solche, die in der Schweiz studieren oder sich weiterbilden. Ihre Familie darf nicht mitkommen.
  Vor 2002 gab es für Kurzaufenthalte die Saisonbewilligung A. Die Saisonniers durften höchstens neun Monate in der Schweiz arbeiten und mussten dann für mindestens drei Monate in ihr Herkunftsland zurückkehren. Ihre Familie durfte nicht mitkommen. Eine Jahresaufenthaltsbewilligung (B) erhielten sie erst, wenn sie 36 Monate innerhalb von vier aufeinander folgenden Jahren in der Schweiz gearbeitet hatten.
- Aufenthalt (befristet): Die Bewilligung B ist fünf Jahre gültig und kann verlängert werden. Diese Bewilligung erhalten Ausländerinnen und Ausländer mit einem langfristigen Arbeitsvertrag und Ehepartnerinnen und Ehepartner von Schweizer Bürgerinnen und Bürgern. Ihre Familie darf mitkommen, wenn sie genug verdienen.
  Vor 2002 war die Bewilligung B nur ein Jahr gültig.
- Niederlassung: Die Bewilligung C ist unbefristet. Diese Bewilligung erhalten Ausländerinnen und Ausländer sowie ihre Familien, die sich mehr als fünf Jahre mit der Bewilligung B in der Schweiz aufgehalten haben. Sie leben fast wie Schweizer Bürger hier. Die meisten ausländischen Einwohnerinnen und Einwohner haben eine Bewilligung C.
  Vor 2002 mussten sich Ausländerinnen und Ausländer normalerweise zehn Jahre ohne Unterbruch in der Schweiz aufgehalten haben, um die Bewilligung C zu erhalten.

[20] In der Schweiz Asyl finden

Wer in die Schweiz flieht, wird als Asylsuchende und Asylsuchender aufgenommen. Um bleiben zu dürfen, muss man aber in einem Asylverfahren als Flüchtling anerkannt werden. Ein solches Asylgesuch zu prüfen, ist nicht so einfach und braucht Zeit. Asyl erhalten nur Menschen, die in ihrem

Herkunftsland wegen ihrer politischen Meinung, Religion oder Zugehörigkeit zu einer Gruppe verfolgt wurden. Diese Verfolgung muss schwerwiegend sein: zum Beispiel Körperverletzung im Gefängnis oder ein unfaires Gerichtsverfahren. In vielen Ländern gibt es solche Gewalt und Ungerechtigkeit. Die Organisation ‹Amnesty International› hilft Menschen auf der ganzen Welt, die ungerecht behandelt werden.

Nicht alle Asylsuchenden werden als Flüchtlinge anerkannt. Einige müssen nach dem Asylverfahren gleich wieder in ihr Herkunftsland zurückkehren. Andere werden vorläufig aufgenommen. Man kann sie im Moment nicht in ihr Herkunftsland zurückschicken, weil sie beispielsweise nicht mehr einreisen dürfen, weil es dort für sie zu gefährlich ist oder weil sie krank sind.

- Asylsuchende erhalten die Aufenthaltsbewilligung N, die während des Asylverfahrens gültig ist. Sie werden in Asylheimen untergebracht und mit dem Nötigsten versorgt. Je nach Kanton dürfen sie die ersten drei bis sechs Monate oder überhaupt nicht arbeiten. Danach stehen ihnen nur bestimmte Arbeitsplätze offen, die sonst niemand will. Ihre Familie darf ihnen nicht in die Schweiz folgen, auch wenn sie Arbeit und eine Wohnung gefunden haben.
- Anerkannte Flüchtlinge erhalten dauerhaftes Asyl in der Schweiz. Sie leben fast wie Schweizer Bürger hier. Sie bekommen einen Flüchtlingspass und die Aufenthaltsbewilligung B[19], auch wenn sie keine Arbeitsstelle haben und ihr Leben nicht selber finanzieren können. Ihre Familie darf ihnen jetzt in die Schweiz folgen. Fünf Jahre nach der Einreise erhalten sie die Bewilligung C[19].

Quellen (alle Angaben im Frühjahr 2008 aktuell)

Buch:
Alva Gehrmann, Sandra Müller: Der Fischer Weltalmanach für Kinder,
Frankfurt a.M. 2007
Schülerduden Religion und Ethik, Mannheim/Leipzig/Wien/Zürich 2005

Internet (März 2008):
Enzyklopädie Wikipedia www.wikipedia.ch
Bundesamt für Migration www.bfm.admin.ch
Schweizerische Flüchtlingshilfe www.osar.ch

Die Geschichte hinter den Geschichten: Nachwort für Erwachsene

Warum beschäftigen sich zukünftige Lehrpersonen im Studium mit Migration?

Migration ist ein gesellschaftspolitisches Thema mit hoher Brisanz und wird weltweit als eine der zentralen Herausforderungen gehandelt. Das gilt auch für die Schweiz: Hier lebt eine Migrationsgesellschaft. Eine Vielzahl von Menschen spricht neben den Landessprachen eine andere Erstsprache. Mehr als ein Fünftel aller Kinder wächst zweisprachig auf.

Lehrpersonen gehören zu einer Berufsgruppe, die sehr direkt mit Migration konfrontiert ist. Nicht nur die Sprachförderung gehört zu ihrem Aufgabenbereich. Lehrpersonen haben als Angestellte einer gesellschaftlichen Institution auch einen Beitrag zu leisten hinsichtlich der Integration: Es gilt, die gegenseitige Akzeptanz und Toleranz zu fördern sowie die Chancengleichheit zu gewähren.

Weshalb Migration so brisant ist, und was ablaufen kann, wenn Einheimische und Zugewanderte einander begegnen, ist Thema im Kultur- und Sprachpraktikum am Institut Vorschul- und Unterstufe der Pädagogischen Hochschule FHNW in Solothurn. Im ersten Studienjahr erarbeiten sich angehende Lehrpersonen in diesem sechswöchigen Praktikum mehrperspektivische Zugänge zu Menschen mit Migrationshintergrund. In direkten Begegnungen werden die Studierenden mit ihren eigenen Haltungen und Einstellungen gegenüber ‹Fremden› konfrontiert. Praktikumsziel ist, sich mit der Vielsprachigkeit und dem interkulturellen Kontext unserer Gesellschaft auseinanderzusetzen, um Migration als soziale Lebenswirklichkeit einer wachsenden Anzahl von Menschen begreifen zu lernen. Die angehenden Lehrpersonen erwerben dabei das erforderliche Wissen und wichtige Kompetenzen, die für ihre Arbeit in unserer Migrationsgesellschaft zentral sind.

Im Studienjahr 2006/2007 ist aus den Begegnungen mit Migrantinnen und Migranten ein Lehrmittel entstanden. Die Studierenden verdichteten ihre Gespräche zu Erzählungen und machen sie in Form eines Lesebuchs der breiten Öffentlichkeit zugänglich – insbesondere den Kindern in unserer Migrationsgesellschaft. Dafür gebührt den angehenden Lehrpersonen und ihren Gesprächspartnerinnen und -partnern, Prof. Franco Supino, der das Projekt leitete, wie auch allen andern, die mitgewirkt haben, ein grosses Dankeschön!

Prof. Dr. Martin Straumann
Leiter Institut Vorschul- und Unterstufe,
Pädagogische Hochschule FHNW

Impressum

Projektleiter	Franco Supino, Dozent Fachdidaktik Deutsch, Institut Vorschul- und Unterstufe, Pädagogische Hochschule FHNW, Solothurn
Autorinnen-/ Autorenteam, Studierende der FHNW Standort Solothurn	Melanie Baschung, Brislach Thomas Brunner, Oberdorf, SO Silvia Cartier, Oensingen Daniel Djakovic, Basel Mirjam Fluri, Münchenstein Sabrina Gempeler, Oberwil b. Büren Claudia Halbenleib, Solothurn Annekäthi Häusermann, Basel Simone Hürzeler, Grasswil Alexandra Joss, Hochwald Jarmila Kolman, Grenchen Michael Maler, Liestal Melanie Nelles, Kriegstetten Damaris Nydegger, Gerlafingen Saila Prado, Basel Amina Rosenthal, Liestal Bettina Schulz, Basel Lea Siegenthaler, Gerlafingen Beatrix Verbeek, Grenchen Pia Volkers, Thunstetten René Wüthrich, Grossaffoltern Julia Zimmermann, Bibern
Informationsteil/Lektorat	Sabine Kronenberg, Basel
Fachberatung	Trix Bürki, Dozentin Interkulturelle Pädagogik, Deutschdidaktik, Institut Primarschule, Pädagogische Hochschule FHNW, Liestal
Illustrationen	Ursula Koller, Rütihof
Herausgegeben von	Trix Bürki, Sabine Kronenberg, Franco Supino Gemeinschaftsproduktion der Fachhochschule Nordwestschweiz (FHNW), Institut Vorschul- und Unterstufe der Pädagogischen Hochschule, und dem Lehrmittelverlag Kanton Solothurn Lehrmittel der Interkantonalen Lehrmittelzentrale
© 2008 by	Lehrmittelverlag Kanton Solothurn www.lehrmittel-ch.ch Printed in Switzerland
ISBN	978-3-905470-29-1